本书得到江西省一流专业（社会工作专业）、江西省一流学科统计学（社会统计方向）财政专项资金支持。

John L. Jackson, Jr. (eds.)

Social Policy and Social Justice

本书根据宾夕法尼亚大学出版社 2017 年英文版译出。

亚太经济与社会发展译丛

美国
社会政策
和
社会公正

SOCIAL POLICY
AND
SOCIAL JUSTICE

［美］约翰·L.杰克逊　主编
John L. Jackson, Jr.

吴杨　译

社会科学文献出版社
SOCIAL SCIENCES ACADEMIC PRESS (CHINA)

目　录

1

引　言
这不仅是社会政策，还事关社会公正

◎约翰·L. 杰克逊

这本该是一项根本不可能完成的任务。从某些标准来看，这是一个颇为异想天开的想法。美国 HBO 电视网创立于 20 世纪 70 年代初，当时，它因为各种原因并不被大家看好。

首先，专家们并不确定整个 HBO 电视网的商业计划所依托的技术是否可行，这项技术要从位于遥远外太空的卫星上面发射波束信号到达遍布全国城郊的电视。先不说地下电缆的事，很少有人愿意或能够保证这些卫星会待在既定的轨道之上。也就是说，如果有任何金属装置落回了地球，那么就需要为那些不知情的受害者和他们的财产损失制定相应的保险政策。

即使卫星不会从天而降，一些严肃的政治和经济势力也在联合抵制这项新兴计划。事实上，HBO 电视网的经营者本想获得一些机构的支持，但这些机构似乎都在全力抵制这项计划。

电影公司提供的电影授权不足，主要的广播电视网络也在拼命打击 HBO。1975 年，美国联邦通信委员会（Federal Communication Commission，FCC）甚至快要宣布他们的节目模式是非法的了。除此之外，HBO 的运营商并没有任何真正的电视运营经验。

但是，这些挑战还不算最严峻的。HBO 面临的最大挑战是：大家都习惯了免费收看电视节目，没人可以保证会有多少人愿意付费收看电视节目。

在这样的背景之下，当时没人可以预见 HBO 公司会盈利乃至成为当今的传媒巨擘。但是，公司的早期经营者们并没有因为希望渺茫而退缩不前。因为电影公司提供的电影不够，HBO 开始自己制作节目，凭借体育节目（特别是拳击节目）来打响自己的品牌。拳王阿里（Ali）和弗雷泽（Frazier）的《马尼拉之战》（*Thrilla in Manila*）是 HBO 有史以来首个通过卫星转播的节目，而两年前（即 1973 年）它还在用无线电播报宾夕法尼亚州（Pennsylvania）外的波尔卡节（polka festivals）。联邦通信委员会的"反虹吸法"（autisiphoning decision）限制了 HBO 可供节目的类型，但它在 1977 年因为违宪而被宣告取缔。

而且，这些卫星从来都没有落到人们的脑袋上！

社会政策与实践学院（School of Social Policy & Practice，SP2）又被称为"宾大社会公正学院"（Penn's Social Justice School），是宾夕法尼亚大学 12 个学院中最小的一个。它可以从 HBO 这个不可能实现的故事之中学到很多东西。这真是太不可思议了！想象一下，一家媒体集团给政策制定者以及他们的老师们上了一课，告诉他们如何克服重重阻碍，将一个崭新的世界从梦想变为现实。我们可以确定的是，在社会公正、社会政策和社会改革这些领域，确实存在很多障碍，还可能遇到令人生畏的逆境。

挑战之一，我们很难将崇高的理念转化成日常现实。当某些理念（如自由、平等、包容、公正和爱国主义等）还非常抽象和概括，只是泛泛而谈的陈词滥调的时候，我们中的很多人都会对此表示赞同。但是，一旦我们像政策制定者和社会活动家那样将这些理念付诸实践的时候，那些流于表面的支持者就开始感到压力了。

另一项挑战是选举政治中的党派之争。很多公共文化都围绕着一场没有硝烟的战争展开：政治家总是利用 24 小时无休止的新闻宣传和永不停歇的竞选季去无情地、无差别地攻击对手。党徒们一点都不尊重政策，更别说公正了。如果另一方现在支持某项改革或建议，那么我们这一方就会反对它。请注意，我们这一方在过去的某个时期可能也支持过这项改革或建议。在当今的美国政坛之中，超意识和后意识并存。这个圈子里充斥着坚定无畏的新自由主义者、新保守主义者、自由主义者和不惜一切代价击败对手的激进分子，何谈政治理想！

也许其中最重要的一项挑战是，长期以来美国公民对"谁才是合法的美国人""成为美国人意味着什么"这些问题的看法存在分歧。我们对"我们"和"他们"的构成、忠诚度高还是低、同理心多还是少的界定都各不相同，有时甚至还相互排斥。我们政策的重点和对公正的定义在一定程度上取决于这些界定的外延。当然，所有的生命可能都很重要。但是对我们来说，有些生命比其他的更为重要。

移民问题只是其中一个最为明显的政治考量问题。我们对相关政策的不同看法（如大规模驱逐出境、获取公民身份的途径、沿着南部边境建造围墙、提供安全的避难城市，以及禁止信仰某种宗教的个体入境）给"我们认为自己是谁"这个问题提供了一些可行的答案。从某方面来说，每次全国选举都是一次就"成为美国人意味着什么"这个问题展开的全民公投，是对"谁重要"这个问题的投票表决。它不只受到某个具体政策立场的客观价值的引导，还关系着我们是否能够有效地沟通某项政策在伦理和实用上的软肋，关系着它对合理社会的界定——在这个社会之中，有些人应当获得我们的帮助，而另一些人只能听天由命。

每年都会涌现出一些突出的问题：福利改革、大规模监禁、税收政策和治安管理。我们所有人都被要求保持单一和连贯的观点。比如，我们是应该"拼死"抗议种族主义左右刑事司法系统而带来的致命后果，还是应该对这些公开示威置之3　不理，认为它们不过是一种反警、反美热潮的噱头？

甚至"社会公正"一词本身也存在争议。它是否意味着您提倡对财富进行再分配，抑或是一种确保美国的个人主义不会从一开始就被人操控的手段？理性者的观点存在分歧。而非理性者会进一步放大这些分歧，将其变为严重功能失调、难以解决的大众论战。

对我们某些国民乃至宾夕法尼亚大学社会政策与实践学院

的某些成员来说，和"社会正义"相比，他们更乐意接受"社会影响"或"社会创新"这些说法。尽管另一些人对这种措辞嗤之以鼻，认为它只是证明了新自由主义的天真无知。人们往往很难清楚地区分各种哲学/意识形态的立场，但宾夕法尼亚大学社会政策与实践学院的师生们试图将其保持在一种有效的紧张状态中，这种状态和我们调动资本和国会的方式差不多——只要将两者有组织地调动起来，就能积极地推动社会改革。

社会政策与实践学院是宾夕法尼亚大学中规模最小、收入最低的一个学院，一直处在沃顿（Wharton）的"阴影"之下，而沃顿是世界上全球知名度最高的商业品牌之一。我们学院和沃顿在社会型创业和有效慈善研究这两个领域上都有合作。我们和宾夕法尼亚大学的护理学院和教育学院一起合作，研究如何整体而全面地帮助儿童和他们的家庭。就事实而言，我们学院和宾夕法尼亚大学里的所有学院都有合作。我们大力支持跨学科研究，因为任何单一学科都不能回答我们想要回答的问题，也不能解决我们亟待解决的问题。

我必须指出，我在这本收录了多篇易读短文的书的引言部分介绍HBO的这个故事是因为它对我来说非常重要，而背后的原因也不只一种。在社会政策与实践学院里，我们将自己的学生（包括社会工作者、政策制定者和非营利组织的领导者）称为"变革推动者"。这些推动变革的人就应该像20世纪70年代初HBO的高管一样勇往直前。在通往成功的道路上，无论遇到了怎样的制度、法律和物质上的阻碍，他们都愿意朝着自己的目标奋勇前行。对于我们这种规模相对较小的学院来说，这意味着我们不能以学院的规模有限为借口，将目标设定得既不宏伟又不具有变革性。

我的脑海中浮现出 HBO 的这个例子也是因为一部正在制作的纪录片，它的创作者是一群来自宾夕法尼亚大学社会政策与实践学院、安尼伯格传播学院（Annenberg School for Communication）和文理学院的研究生。这部影片记录了人们在 20 世纪 70 年代创立 HBO 并由此改变了整个电视行业的经历。但是，这并不是故事的最终结局。人们改造世界的方式可能是潜移默化的，也可能是大刀阔斧的，但是他们永远都不能停留在自己的光环之下。HBO 的经历也客观验证了这个真理。从某些报道中可以看出，HBO 这个卫星电视巨擘发现自己的地位受到了当今一些新兴媒体的威胁，就像它在创立伊始威胁到传统电视的地位那样。这个 20 世纪 70 年代崛起的新贵是这个行业的老大，然而与奈飞（Netflix）和亚马逊金牌服务（Amazon Prime）这些流媒体服务后起之秀相比，其传统的订阅模式显得颇为陈旧过时。

没人知道美国电视行业的未来会是怎样的，更不用说美国社会的未来了。我无法预测在接下来的几年里会出现哪些值得全国关注的重大问题，也没有哪位专家学者可以提供全部的答案。但是，他们提出了一些必要的问题——以一种真诚而谨慎的方式，并期待这些投入能够带来积极的社会反响。这本收录了数篇重要文章的书也代表了这种尝试。

最后，您需要自行决定哪个问题对您来说最为重要。这也是民主的一部分。如果不审慎查证、细细询问，您就很容易跟着别人的剧本走。所以，对民主的要求才会如此之高。撰写这本书的专家学者们以自己或同事们在一些至关重要的社会问题上的研究为基础，为我们设想集体社会政策或社会公正问题提供了一些论据。其中一些问题（如枪支管制）早已成为美国政坛的主要议题。与现在相比，我们还应该在选举季花更多时间来探讨一些其他问题（例如，讨论如何更好地照料我们最年轻、最容易受到伤害的公民）。

作为 21 世纪的一位学术主管，有些问题一直困扰着我。虽然这些问题并没有出现在这本书里，但它们在我自己的（重要性）列表上高居榜首。而且，我收集与这些问题相关的证据不仅是想要支持我当前的看法，还特别想要了解我的假设何时、何故是错误的。 5

因此，请您在阅读时不要将这些文章视为真理，也不要认为它们能够明确地告诉您应该优先处理或如何看待哪些问题。相反，书中出现的事实、数字、理论和观点只是为您提供了一些可以使用的证据，而这些证据和那些影响着您及家人、朋友的生活的话题息息相关。您无须同意所有作者的结论，您甚至不需要接受他们的某些假设。当然，您也不会接受全部的假设。但您应该迎接他们的挑战，将所有可以整合的数据、专家意见和历史背景结合起来，用以理解那些对您来说至关重要的问题。在阅读这些文章的时候，您要知道，这本书的成功与否取决于它是否能够在我们积极改造世界的时候，源源不断地帮助我们更批判、更谨慎、更有创造性地理解这个世界。

致　谢

　　感谢史蒂芬·费尔德曼（Steven Feldman）为我们提供了这个想法，让我们得以完成这本简短的书以及围绕这个话题开设的"宾夕法尼亚前十网站"（Penn Top Ten website）：www.penntopten.com。另外，我还要特别感谢塔玛拉·诺珀（Tamara Nopper），她和作者们一起对这些文章进行了多次修改。

6

8

第一章
现在，结束无家可归的现象

◎丹尼斯·P. 卡尔亨

　　2015 年 1 月 5 日，新奥尔良市（New Orleans）市长米奇·兰德鲁（Mitch Landrieu）宣布，在他的城市里已经不再有无家可归的退伍军人。据新闻报道，新奥尔良市的无家可归人口中没有一位是退伍军人。一年前，新奥尔良市和它的联邦政府及社区合作者们共同出具了一份名单，这份名单囊括了该市近 200 名无家可归的退伍军人；另外，他们还制订了一项计划，打算通过各种项目逐一安置名单上的退伍军人。这则成功的消息一出现便登上了新闻头条，就像一年前凤凰城（Phoenix）和盐湖城（Salt Lake City）的市长宣布他们结束了社区里退伍军人长期无家可归现象一样。这些成果在近年的社会政策领域之中大概也是前所未见的，它证明各个社区之间齐心协力，与联邦政府通力合作，就能对一度看似棘手的社会问题产生切实的、持久的影响。这些成就表明，美国正蓄势待发，准备一劳永逸地终结无家可归现象，这样可以改善那些最容易受到伤害的美国公民（无论他们是否是退伍军人）的生活，这种改变引人注目、激动人心。

在美国，要终结无家可归的现象并非痴人说梦，也不是遥不可及。在过去的几年里，无家可归者（包括退伍军人和长期无家可归者）的人数一直都在减少。这是因为政策制定者改变了他们长期以来的一些举措。当前，针对无家可归者的政策之所以能够获得成功，是因为这些政策在制定时更多地依赖于循证实践（evidence-based practices），即以实证为基础的实践。它还要归功于支持者、政策制定者，包括国会、巴拉克·奥巴马（Barack Obama）总统和乔治·W. 布什（George W. Bush）总统，以及这个领域的从业人员，他们都致力于根据数据而不是对无家可归者的刻板印象来制定相关政策。随着进一步的战略投资，这些政策的规模会进一步扩大，而无家可归的现象就会成为历史。

纵向研究设定了"无家可归"的
范围和流动情况

20 世纪 90 年代初的一项研究发现，无家可归的现象比我们之前设想的更为普遍。以往的研究往往只统计了某个晚上（无家可归者）的人数，因为这种算法涵盖的时间范围有限，它得到的数值往往要比其他大多数方法得到的低。1994 年的两项研究首次对无家可归者的人数进行了纵向估计，这些研究揭示了一年乃至更长时间的无家可归带来的累积效应，而不是仅仅一个晚上的效果。一项面向美国大众的家庭调查发现，3.2%的被访者中表示自己在过去的 5 年里至少有一个晚上睡在应急避难所或不适宜居住的场所。另一项研究通过纽约市（New York City）和费城（Philadelphia）的收容所的计算机追踪系统记录的数据，即在这两座城市的任何一家收容所里待过的无家可归者的人数，证明确实有 3.2%的人在过去的 5 年里使用过这些收容所。仅在 1992 年这一年的时间里，使用过收容所的人就达到了纽约市或费城普通人口的 1%。之后的研究控制了种族和贫困因素，发现仅 1995 年，纽约市就有多达 25%的 30～40 岁的贫困美国黑人男性经历过无家可归。

　　无家可归这个问题影响了很多人，这表明它不仅比我们之前设想的更为普遍，而且从本质上来说，它持续的时间更短、更不连贯。如果人员不能大规模流动（指人们进出收容机构）的话，系统就很难容纳这么多人。从那时起，研究人员开始通过收容记录来观察无家可归者的流动情况，他们多次发现，事实上 75%～80%的成人或家庭使用收容所的时间相对来说都很短（60～90 天），这种情况被称为"危机性无家可归"（crisis homelessness）。而另外一些个人或家庭要么经常出入收容所，要么成年累月地待在收容机构里，这种情况被称为"长期性无家可归"（chronic homelessness）。在区分了这两种不同的模式之后，研究进一步表明，与那些危机性无家可归的人相比，长期性无家可归的成人和经常沦为无家可归的家庭中出现行为健康

8

问题和障碍的比例更高，而且他们需要更强的社会支持，如在家庭中进行儿童保护干预。

综上所述，这些证据帮助我们确定，在解决无家可归问题的时候需要采用两种不同的取向，需要针对危机性无家可归者和长期性无家可归者这两种不同的群体采用不同的策略。

将住房、服务和需求匹配起来的循证项目

长期性无家可归

严重的精神障碍患者是最先声明自己需要并想获得常态化住房的群体，这种住房是一般性的住房，而不是住院治疗项目、集体住房、收容所或过渡房。他们的自我倡导带来了所谓"保障性住房"（supported housing）模式的发展。按照最初的设想，这种住房来自一般的房屋租赁市场，会提供一些社会心理支持服务，这些服务扮演的角色类似"轮椅坡道"，可以帮助人们获取、入住并保持拥有一个居住单元。这种住房并不是治疗项目，它就是个人住所。但是，当相关部门的服务专员开始试用这种方法的时候，它就逐渐演变成了保障性住房。它往往位于非营利组织的建筑（而不是一般的租赁市场）中，有时强制要求居住者接受治疗甚至不能喝酒，还会配备现场医护人员，这样的保障性住房项目无论从形式还是居住体验来看都非常接近住院治疗项目。

然而，这个模式似乎仍然行之有效，在整个 20 世纪 90 年

代，政府致力于将长期性无家可归者安置进保障性住房并取得了巨大的成功。但是，住房越程式化，政府越难安置那些顽固的无家可归者，他们仍在滥用药物（如吸毒）或抗拒治疗，这让他们至少在政府的规划安置部门眼里是"很难被安置"的。作为回应，"优先安置"（Housing First）取向应运而生。从纽约市的"房之途"（Pathways to Housing）等早期的创新者们追溯到自我倡导者发起的保障性住房运动，都提出住房就是住房，不应该要求强制治疗或戒酒。它应该是常规的、标准的租赁单元，而且治疗和住房相互独立。他们证实这种取向可以有效地安置那些被认为"难以安置"的群体。

因此到 2002 年，和无家可归有关的实践和政策领域为差不多所有长期性无家可归者提供了一套解决住房问题的方案，其中既有"优先安置项目"也有强制治疗或戒酒的保障性住房项目。研究发现，对很多人来说，给无家可归者提供安置住房可以减少他们急诊入院、使用收容所和司法服务的频率。事实上，对某些群体（如严重的精神障碍患者、监狱常客和老年人）来说，减少这些服务的使用频率可以充分抵消其住房成本——这对纳税人和我们的邻居们来说都是一个好消息，他们现在可以被称为"前长期性无家可归者"了。

根据手上掌握的这些新证据，小布什政府在 2003 年的财政预算中将"终结长期性无家可归现象"定为联邦政府的目标之一，并下令美国住房与城市发展部（Department of Housing and Urban Development，HUD）将新资金优先用于保障性住房。在之后的 10 年里，全国永久性保障性住房的数量急剧增长，从 2003 年的刚过 15 万户增加到了 2014 年的 30 万户。与此同时，某晚长期性无家可归的人数减少了一半。

10

危机性无家可归

2009 年，人们感受到了严重的金融危机，奥巴马总统和国会通过了"紧急刺激支出法案"（emergency stimulus spending）。联邦房屋管理部门的官员们试图利用这个机会来缓解经济危机对无家可归者的影响。当时，无家可归领域的改革者们尝试通过一些有前景的模式来解决危机性无家可归问题，这些模式包括在洛杉矶（Los Angeles）、明尼阿波利斯市（Minneapolis）、纽约市和新泽西州的默瑟县（Mercer County，New Jersey）试行的一些项目。这个新兴的模式被称为"无家可归者预防和快速安置项目"（Homelessness Prevention and Rapid Rehousing，HPRR），它作为 2009 年《美国复苏与再投资法案》（*American Recovery and Reinvestment Act*）的一部分被列为全国性示范项目。这个项目和前期的研究一致认为，受无家可归影响的主要是那些遭遇了暂时的社会或金融危机的群体，而为他们提供一些临时服务（如应急资金援助和住房保障）能够相对来说更快地解决甚至杜绝他们的无家可归问题。事实上，这个项目在 2010～2012 年为约 100 万人提供了服务。与其他大多数与衰退有关的经济指标不同的是，除了 2010 年在郊区和农村家庭中微乎其微的增长（因为当时刚刚开展这个项目），无家可归者的人数并没有增加。

作为更新后的《麦金尼－维托法案》（*McKinney-Vento Act*）

的一部分，"无家可归者预防和快速安置项目"的理念现已被列入联邦律法。美国住房与城市发展部创立了一个新的项目——"应急解决资助项目"（Emergency Solutions Grant Program）来分配快速安置住房的资源，并鼓励社区在制定其主要的无家可归援助计划时将快速安置摆在首位，包括将花费更高的过渡房项目转化为快速安置项目。

随着相关政策和实践的创新以及评估研究的支持，如今这个领域为长期性无家可归和危机性无家可归这两个群体分别提供了一套解决方案——前者使用保障性住房，而后者使用快速安置住房。"敞开大门"（Opening Doors）是一项全新的联邦计划，它的目标是终结无家可归现象。它在政策上肯定了这个干预方向，并按照这两种"优先安置"取向来指导相应的联邦机构。

11

国会和美国住房与城市发展部建立了
国家数据库来追踪进度

从2000年起，国会号召全美所有社区行动起来，开发电子信息系统用以监测无家可归者援助服务的使用状况及效果。它的依据是，社区能通过更优质的数据来更有效地分配资源，并借此识别有效（或无效）的策略，而这个新的信息系统也能为联邦律法提供更多的信息。这个数据采集过程被称为"无家可归服务管理信息系统"（Homelessness Services Management Information Systems，HMIS），它的管理遵循明确的联邦数据标准和安全准则。虽然有些社区没能充分地利用"无家可归服务管理信息系统"的数据,在有些地方,人们甚至认为数据采集过程造成的负担大于它能带来的利益;但是,其他社区都认为"无家可归服务管理信息系统"所提供的数据是找到问题最佳解决方法的核心所在,这种方法能够更巧妙、更有策略地终结无家可归现象。

奥巴马总统和国会致力于终结
退伍军人无家可归现象

小布什政府的倡议成功缓解了长期性无家可归现象,以此为基础,奥巴马政府和国会将注意力转向了退伍军人的无家可归问题。2009 年,美国退伍军人事务部(U. S. Department of Veterans Affairs,VA)部长埃里克·新关(Eric Shinseki)命令他的部门在 2015 年终结退伍军人的无家可归现象,并在国会的支持下,大规模地扩张相关的住房和服务项目。

第一个重要的扩建项目是"美国住房与城市发展部—退伍军人事务部保障性住房项目"(HUD-VA Supported Housing,VASH)。这个项目之前的规模不大,将管理住房补贴的住房与城市发展部和提供项目管理的退伍军人事务部的医疗中心这两个联邦机构连接在一起。然而,在奥巴马政府的管理之下,这个项目的规模从 2008 年的刚过 8000 户扩大到了如今的 7 万多户。住房规模的大幅扩张让退伍军人事务部可以将露宿街头的数万名退伍军人安置到永久住房里。它的实施过程并不是一

12

帆风顺的，和其他社区相比，有些社区的外展服务更好，安置也更及时。但是，退伍军人事务部为医疗中心提供技术支持和培训，帮它开展"优先安置"项目并为人们提供及时的安置。在奥巴马执政期间，或许没有任何一个别的项目可以在减少无家可归退伍军人的数量方面做出如此卓越的贡献，从 2009 年 1 月某个特定时间的约 8.5 万人减少到了 5 年后同期的约 4.9 万人。

为了解决退伍军人中危机性无家可归的问题，退伍军人事务部启动了一个美国住房与城市发展部"无家可归预防和快速安置项目"的平行项目——"退伍军人家庭支持服务项目"（Supported Services to Veteran Families，SSVF）。和之前的"无家可归预防和快速安置项目"一样，"退伍军人家庭支持服务项目"既能为处于无家可归边缘的家庭提供预防性干预，又能为那些住在收容所或露宿街头的家庭提供快速安置住房。这个项目既能帮助人们应对债务减免、租金拖欠和停水停电，也能帮助那些需要搬迁的家庭重新找到住所并为其支付第一个月和最后一个月的租金及押金。根据服务对象的需求，这个项目可以提供最高长达 9 个月的租金补贴。

就像"无家可归预防和快速安置项目"一样，"退伍军人家庭支持服务项目"大获成功，有效减少了无家可归退伍军人的数量。评估表明，高达 85% 的获得项目援助的家庭在离开项目的一年之内都没有再次无家可归。因为大多数获得援助的退伍军人家庭是由单身的成年人，特别是单身成年男性（这也是无家可归的一般成年人中的主要群体）组成，所以这个项目为我们提供了一个重要的机会用来检验这种快速安置干预模式是否既适合家庭，也适合单身的成年人。事实上，评估结果显示，虽然这个项目对单身人士的影响略弱于家庭，但在离开项目后的 12 个月之内，仍有超过 80% 的人没有再次变得无家可归。

通过循证实践和为面临危机性无家可归的退伍军人提供预防和快速安置资源的方式，扩张后的退伍军人事务部项目极大地减少了无家可归的退伍军人的数量。虽然我们可能无法让无家可归退伍军人的数量在任何特定时间内都一直维持为零，但是这些项目能在接下来的几年里更大幅度地减少无家可归退伍军人的数量。如果能够利用这些关键资源，那么任何一位退伍军人都不应该无家可归超过 30 天。事实上，我们可以迅速而有效地终结每一位退伍军人无家可归的状况。

规模化的保障性住房即将到来

无家可归政策和实践的变革带来的成功表明，将研究中获得的知识、实地创新、项目使用者的洞察，以及数据驱动的政策环境结合在一起，公共政策就会获得成效。人类的生活和社会都可以从更完美、更巧妙的方案和服务取向中获益。但是，我们还有很多事情要做。无家可归现象仍然存在，特别是在非退伍军人当中，甚至在某些群体里面还有增长，因为这些项目还是由执行者自由决定的，而且缺乏足够的资金将其规模化。事实上，在这个国家的某个夜晚，几乎有一半无家可归的成年人（约 25 万人）住在街头、汽车、公园或其他不适宜居住的场所，他们的健康和安全每天都受到威胁，这个事实令人震惊。

对于许多正在经历无家可归，或因面临严重的住房负担和困扰着我们社会中底层人民的周期性危机而注定变得无家可归的人来说，未来的国会和 2017 年就职的新总统有望为他们的生活带来重大的改变。但是，这些已被证实的成果已为我们取得进一步的成效奠定了基础，而且需要我们立刻行动起来。

首先，联邦政府应加倍努力去解决长期性无家可归问题。正如为退伍军人提供更多的补贴和住房支持一样，它也应该尽量为非退伍军人提供更多的住房补贴机会。某一晚约有 8 万名长期性无家可归者，如果我们能够把补助名额提高到每年 2 万美元持续 5 年的话，就能有效地解决这个问题。关注无家可归的老年人也有望通过降低临终医疗费用来抵消住房的成本。近 50% 的长期性无家可归者年龄都超过 50 岁。一个针对 55 岁及以上群体（他们的预期寿命只有 64 岁）的项目可以通过降低住院治疗和疗养院安置的成本来完全抵消他们的住房费用。

如果快速安置的机会增加了，那么即使不能完全避免，也能帮助每年 13.5 万个无家可归的家庭摆脱无家可归的状况。以"无家可归预防和快速安置项目"为参考，我们需要为每个家庭提供平均约 3500 美元的租金或现金来解决无家可归问题。那么，就像更新后的《麦金尼－维托法案》（也被称为"HEARTH法"，即"为无家可归者提供紧急援助及住房的快速过渡"）呼吁的那样，一个每年花费约 5.5 亿美元、持续不超过 30 天的项目就能帮助所有无家可归的家庭解决住房问题。实际上，对整体方案进行修改就可以解决包括单身成年人在内的危机性无家可归问题，它可以建立在"无家可归预防和快速安置项目"和"退伍军人家庭支持服务项目"经验的基础上，为所有无家可归者提供应急的危机干预，这些干预会提供应急资金和支持，而不是像以前那样，让他们长期地、反复地待在营房式的应急收容所里，却忽视他们的相关需求。

行为健康领域和近年来覆盖面更广的医疗补助制度（Medicaid）为扩大快速安置规模提供了一个机会，从而为单身的成年无家可归者和一些家庭提供帮助。随着医疗补助制度扩展到《平价医疗法案》（*Affordable Care Act*），现在几乎所有面临无家可归的成年人（至少在那些采用了扩张政策的州里）都符合医疗补助制度的准入标准。很多危机性无家可归的单身成年人都存在行为健康问题，也许是精神障碍，也许是物质滥用问题，而且很多人刚刚离开戒毒所、精神病院或监狱。因此，一个由医疗补助制度资助的行为健康干预项目，即所谓的"关键时刻干预项目"（Critical Time Intervention，CTI）也许可以帮到他们。"关键时刻干预项目"旨在有效地帮助那些存在行为健康问题的个人完成从脱离机构到回归社区的过渡，这样他们就不会再次入院，重返戒毒所、监狱，或变得无家可归。现在，很多危机性无家可归的成人能享受医疗补助制度并报销"关键时刻干预项目"的费用（只要这些州的医疗补助制度包含了这项服务），许多经历无家可归的单身成年人可以获得他们需要的社会和健康方面的支持，这些支持不仅可以避免他们变得无家可归，也可以帮助他们自己或家人获得稳定的住所。

如果给非退伍军人提供一些退伍军人当前享有的快速安置支持服务，就可能彻底改变我们处理危机性无家可归问题的方式。

最后，继续增加对无家可归退伍军人的资金投入，可以在不超过30天里使每位无家可归的退伍军人都不再无家可归，而这只需要适当的后期投入。每年1万～2万美元额外的"美国住房与城市发展部—退伍军人事务部保障性住房项目"补贴和总共5亿美元的"退伍军人家庭支持服务项目"拨款就可能满足现在及将来可能面临无家可归问题的退伍军人的需求。

现在就给我们住房！

无家可归运动在1990年达到高潮，数十万名游行者聚集在美国国会大厦（U. S. Capitol）门口，呼吁"现在就给我们住房！"来结束无家可归的危机。开始这项运动进展非常缓慢，而街头运动也在逐渐减少。但是，随着研究的发展以及联邦机构和社区有计划地将注意力转向安置策略，我们现在知道可以给那些先前露宿街头的人提供住所。这样可以安置数百万人，其中既有贫困家庭，也有每年面临危机性无家可归的个人。如果我们可以一如既往地从循证实践中汲取精华，对资源进行整合，将我们的善意转化为政治意愿，将我们的好意转化为最佳实践，那么所有人都可以迅速而有效地重拾尊严与安全。

16

参考文献

Austin, E. L., Pollio, D. E., Holmes, S., Schumacher, J., White, B., Lukas, C. VanDeusen, & Kertesz, S. (2014). VA's expansion of supportive housing: Successes and challenges on the path toward Housing First. *Psychiatric Services, 65*(5), 641–647.

Blanch, A. K., Carling, P. J., & Ridgway, P. (1988). Normal housing with specialized supports: A psychiatric rehabilitation approach to living in the community. *Rehabilitation Psychology, 33*(1), 47–55.

Burt, M. R., Wilkins, C., & Mauch, D. (2011). *Medicaid and permanent supportive housing for chronically homeless individuals: Literature synthesis and environmental scan.* Washington, D.C.: HHS/ASPE.

Byrne, T., Culhane, D. P., Kane, V., Kuhn, J., & Treglia, D. (2014). *Predictors of homelessness following exit from the supportive services for veteran families program.*

Byrne, T., Fargo, J. D., Montgomery, A. E., Roberts, C. B., Culhane, D. P., & Kane, V. (In press). Screening for homelessness and risk in a national healthcare system: Monitoring housing stability through repeat screening and exploring profiles of risk. *Public Health Reports.*

Byrne, T., Kuhn, J., Culhane, D. P., Kane, S., & Kane, V. (2014). *Impact and performance of the Supportive Services for Veteran Families (SSVF) Program: Results from the FY 2013 program year.*

Byrne, T., Metraux, S., Moreno, M., Culhane, D. P., Toros, H., & Stevens, M. (2012). *Los Angeles County's Enterprise Linkages Project: An example of the use of integrated data systems in making data-driven policy and program decisions.*

Cortes, A., Rothschild, L., de la Cruz, R. J., Henry, M., Solari, C., Khadduri, J., & Culhane, D. P. (2012). *2011 Annual Homeless Assessment Report to Congress.*

Culhane, D. P., Dejowski, E. F., Ibanez, J., Needham, E., & Macchia, I. (1994). Public shelter admission rates in Philadelphia and New York City: The implications of turnover for sheltered population counts. *Housing Policy Debate, 5*(2), 107–40.

Culhane, D. P., & Metraux, S. (1999). One-year rates of public shelter utilization by race/ethnicity, age, sex and poverty status for New York City

17

(1990 and 1995) and Philadelphia (1995). *Population Research and Policy Review, 18*(3), 219–236.

———. (2008). Rearranging the deck chairs or reallocating the lifeboats? Homelessness assistance and its alternatives. *Journal of the American Planning Association, 74*(1), 111–121.

Culhane, D. P., Metraux, S., & Hadley, T. R. (2002a). The impact of supportive housing for homeless people with severe mental illness on the utilization of the public health, corrections, and emergency shelter systems: The New York-New York initiative. *Housing Policy Debate, 13*(1), 107–163.

———. 2002b. Public service reductions associated with placement of homeless persons with severe mental illness in supportive housing. *Housing Policy Debate, 13*(1), 107–163.

Gold, A. (1989). Thousands march on Washington in protest against homelessness. *New York Times*, October 8.

Henry, M., Cortes, A., Shivji, A., Buck, K., Khadduri, J., & Culhane, D. P. (2014). *The 2014 Annual Homelessness Assessment Report (AHAR) to Congress: Part 1; Point in time counts.*

Herman, D. B., Conover, S., Gorroochurn, P., Hinterland, K., Hoepner, L., & Susser, E. S. (2011). Randomized trial of critical time intervention to prevent homelessness after hospital discharge. *Psychiatric Services, 62*(7), 713–719.

Kuhn, R., & Culhane, D. P. (1998). Applying cluster analysis to test a typology of homelessness by pattern of shelter utilization: Results from the analysis of administrative data. *American Journal of Community Psychology, 26*(2), 207–232.

Larimer, M. E., Malone, D. K., Garner, M. D., Atkins, D. C., Burlingham, B., Lonczak, H. S., & Marlatt, A. (2009). Health care and public service use and costs before and after provision of housing for chronically homeless persons with severe alcohol problems. *JAMA, 301*(13), 1349–1357.

Link, B. G., Susser, E., Stueve, A., Phelan, J., Moore, R. E., & Struening, E. (1994). Lifetime and five-year prevalence of homelessness in the United States. *American Journal of Public Health, 84*(12), 1907–1912.

Metraux, S. (2002). *Taking different ways home: The intersection of mental illness, homelessness and housing in New York City.*

Montgomery, A. E. (2014). *Research brief: Using a universal screener to identify veterans experiencing housing instability.* Philadelphia: National Center on Homelessness Among Veterans.

Montgomery, A. E., Metraux, S., & Culhane, D. P. (2013a). *Ending veteran homelessness: Why HUD programs matter.*

18

———. (2013b). Rethinking homelessness prevention among persons with serious mental illness. *Social Issues and Policy Review, 7*(1), 58–82.

National Alliance to End Homelessness. (2014). *Rapid rehousing: A history and core components.*

Nelson, G., Aubry, T., & Lafrance, A. (2007). A review of the literature on the effectiveness of housing and support, assertive community treatment, and intensive case management interventions for persons with mental illness who have been homeless. *American Journal of Orthopsychiatry, 77*(3), 350–361.

Office of the President of the United States of America. (2002). *Budget of the U.S. government, fiscal year 2003.* Washington, DC: U.S. Government Printing Office.

O'Flaherty, B., & Goodman, S. (2012). *Does homelessness prevention work? Evidence from New York City's HomeBase Program.*

Poulin, S., Metraux, S., & Culhane, D. P. (2008). The history and future of Homeless Management Information Systems. In R. H. McNamara (Ed.), *Homelessness in America*, pp. 171–179. Westport, CT: Praeger.

Rog, D. J., Marshall, T., Dougherty, R. H., George, P., Daniels, A. S., Ghose, S. S., & Delphin-Rittmon, M. E. (2014). Permanent supportive housing: Assessing the evidence. *Psychiatric Services, 65*(3), 287–94.

Tabol, C., Drebing, C., & Rosenheck, R. (2010). Studies of "supported" and "supportive" housing: A comprehensive review of model descriptions and measurement. *Evaluation and Program Planning, 33*(4), 446–456.

Tsemberis, S., & Asmussen, S. (1999). From streets to homes: An innovative approach to supported housing for homeless adults with psychiatric disabilities. *Journal of Community Psychology, 27*(2), 225–241.

U.S. Department of Housing and Urban Development. (2010). *HPRP: Strategies for achieving performance and spending goals.*

U.S. Department of Veterans Affairs. (2009). *Secretary Shinseki details plan to end homelessness for veterans.*

U.S. Interagency Council on Homelessness. (2010). *Opening doors: Federal strategic plan to prevent and end homelessness.*

19

第二章
大规模监禁：谁有风险？该怎么做？

◎玛丽塔·恩斯特龙

◎亚历山德拉·温伯利

◎南希·弗兰克

大规模监禁给美国带来了全球最大规模的监狱服刑人员，这也成为我们这个时代最严峻的社会问题之一。《纽约时报》将它形容为一场毁灭性的"为期40年的实验"[1]，美国每年用于联邦政府、州及地方惩治机构的费用超过800亿美元；另外，还有580亿美元用于司法和诉讼，1260亿美元用于警务。但是，因为大规模监禁而付出的沉重的人力及经济成本远不止这些[2]。超过220万成人被关在监狱里，另外有470多万成人

---

[1] New York Times Editorial Board, 2014.

[2] Kyckelhahn, 2015.

处于缓刑或假释期①，他们主要是非裔、西裔或拉美裔，存在
20 精神卫生和物质滥用问题，并深受贫困和缺少教育的影响②。
这些社会成本令人震惊，其中包括一直存在的严重的社会不平
等、自由的丧失，以及给个人、家庭和社区带来的痛苦，这些
都违背了美国是一个公正社会的理念。

　　但是，这些经济和社会成本并不能同比地降低犯罪率。事
实上，美国国家研究委员会（National Research Council）指出，
虽然服刑人员的数量在持续增加，但是在过去的 40 年里，犯罪
率分别升高和降低了两次③。布莱南公正中心（Brennan Center
for Justice）从各个州的数据中发现④，自 20 世纪 90 年代以来，
暴力犯罪率并没有因为加大监禁力度而降低；自 2000 年以来，
加大监禁力度对财产犯罪率的降低也没有什么影响（0~1%），
这种降低有一部分是因为饮酒的减少、收入的增加、其他经济
方面的因素（如通货膨胀和消费者信任度），以及被称为"Co-
mpStat"的数据驱动的警务管理系统的运行。需要注意的是，
CompStat 有它的局限性，也受到了不少批评。例如，有些警察
局迫于压力而不得不声称犯罪率在降低，但是这些数据可能并
不准确。布莱南公正中心试图通过综合分析多年和多个城市的

---

① Kaeble, Glaze, Tsoutis, & Minton, 2015.
② Alexander, 2010; Carson, 2014, 2015; Engstrom, 2008; Gottschalk, 2015; James & Glaze, 2006; Karberg & James, 2005; Mauer & King, 2007; Mumola & Karberg, 2006; National Research Council, 2014; Prins, 2014; Schirmer, Nellis, & Mauer, 2009; Teplin, 1990, 1994; Teplin, Abram, & McClelland, 1996; Torrey et al., 2014.
③ National Research Council, 2014.
④ Roeder, Eisen, & Bowling, 2015.

数据来解决这个问题。

监狱人口在飞速增长，而这通常被认为是量刑政策和实践的多重改变引起的。其中最明显的是被监禁的风险提高了，冗长的强制最低刑（mandatory minimum sentence）在判决时限制了法官的司法处理权（包括监禁 25 年及以上的"三振出局"法规），限制了提前释放监禁人员，越来越多的假释人员因为违规而被监禁；而且，禁毒运动进一步加大了治安和审判双方的实施力度①。量刑法变得更为严苛，原告在刑事起诉决定上的权利也越来越大，这导致越来越多的被告选择接受辩诉交易（即承认有罪以减轻刑罚）。一位名为杰德·拉可夫（Jed Rakoff）的美国地区法官指出，联邦案件的庭审率从 1980 年的 19% 降至 2000 年的不到 6%，而到 2010 年这个比例已跌至 3% 以下②。在进行辩诉时，被告常常被迫认罪或面临更严重的指控，而这种指控往往会带来更严厉的强制判决③。出庭受审的高风险往往会迫使一个无辜者接受辩诉交易。

政治学家玛丽·戈特沙尔克（Marie Gottschalk）还发现了别的影响因素，其中包括收入不平等的加剧，对贫困和移民政策的定罪，社会服务的腐坏以及推动大规模监禁长期存在并阻碍它衰退的巨大的经济和政治压力④。来自美国佛蒙特州（Vermont）的参议员帕特里克·莱希（Patrick Leahy）曾经说："有

21

---

① Engstrom，2008；National Research Council，2014；New York Times Editorial Board，2014.
② Jed Rakoff，2014.
③ Devers，2011.
④ Marie Gottschalk，2015.

罪的富贵总好过无罪的贫穷。"[1] 这句话经常被人引用,它很好地展现了美国这种令人不安的趋势。保释制度就是一个很好的例子,揭示司法系统从本质上来说就偏向财力雄厚的人。很多低风险人群(包括无辜者)因为无力支付保释金而不得不在案件得到审理之前长时间地待在监狱里。这个问题非常棘手,因为美国有约60%的监狱在押人员在等待指控判决[2]。这样的拘留会造成严重而持久的影响,例如最近发生的22岁的卡利夫·布劳德(Kalief Browder)在遭遇了不幸之后最终自杀的事件[3]。卡利夫在16岁那年被指控盗窃他人的背包及里面的财物,但他在接下来的3年里都没有被定罪。这些指控最终被撤销了,但在那之前他已经遭遇了来自狱警和被关押在莱克斯岛(Rikers Island)的犯人的人身伤害以及两年的单独监禁。

在过去的很多年里,人们都不太关注大规模监禁问题,直到后来,自由派和保守派的政策制定者及倡导者们才普遍承认,我们必须解决大规模监禁问题[4]。全国的很多城市开始制定新的政策和项目来减少监禁人数,而公民们则要求改革刑事司法系统。在思考改革途径的时候,我们需要确保将注意力集中在那些高危群体和解决大规模监禁问题的手段上面,其中包括承认我们需要一些有证据支持的、多方位的策略。

---

① Patrick Leahy, 2013.

② Bureau of Justice Statistics, 2015; Minton & Golinelli, 2014; Neal, 2012.

③ Gonnerman, 2014, 2015; Schwirtz & Winerip, 2015.

④ Epperson & Pettus-Davis, 2015; New York Times Editorial Board, 2014; Stiglitz, 2015.

监禁在美国的发展趋势：谁有风险

人们普遍认为，全美监禁率这种前所未有的增长始于约40年前，那时的政府因为犯罪率的升高而制定了一些新的政策和惯例。美国民权联盟（American Civil Liberties Union）总结说：从1970年起，美国监狱在押人员的数量已经增加了700%。尽管美国的总人口仅占全球总人口的不到5%，但是美国的监禁人口却占世界的20%以上①。据美国司法统计局（Bureau of Justice Statistics）的报告显示，2014年底，州立和联邦机构共关押了156.15万名成年人②。除此之外，地方监狱还关押了74.46万名成年人③。将这些数据整合起来的话，每10万名美国成人中就有900人被监禁，而这个比例一直处于世界前列。另外，在2014年，每36名美国成人中就有一个被监禁或处于缓刑或假释期④。"公正司法项目"（Equal Justice Initiative）的布莱恩·史蒂文森（Bryan Stevenson）指出，1990～2005年，美国每10天就建造了一座新的监狱⑤。

虽然大部分被关押在监狱里的成年人是男性（约有92.7%），但是近些年来，被关押女性的增速超过了男性⑥。我们需要注

---

① Lee，2015.
② Carson，2015.
③ Kaebl etal.，2015.
④ Kaebl etal.，2015.
⑤ Bryan Stevenson，2014.
⑥ Glaze & Kaeble，2014；Minton & Zeng，2015.

意的是，在 2010 年年中到 2014 年年中这段时间内，被关押在地方监狱的男性减少了 3.2%；而同时期被关押在地方监狱的女性增加了 18.1%[1]。除此之外，当我们将成人监狱里的所有人（包括那些处于缓刑和假释期的人）都纳入考虑范围的时候，女性的比例会更高，达到了约 18%[2]。

监禁率在种族和族群上存在巨大的差异，这种不平等令人深感不安。在 18 岁以上的美国人口中约有 13% 是非裔美国人；然而，在被监禁的人口里，约有 37% 的男人和 21% 的女人是非裔[3]。"量刑计划"（Sentencing Project）2007 年的报告显示[4]，非裔和西裔/拉美裔美国人的被监禁率分别是白人的 5.6 倍和 1.8 倍，而且这个比例在不同州的差异也很大。针对移民的严厉刑罚使被监禁人口快速增加。2013 年，联邦政府的控诉中超过一半和移民有关[5]。2000～2010 年，被关押在州和联邦监狱的西裔和拉美裔人数增长了近 60%[6]。

性别、年龄、受教育水平、种族和族群这些因素共同作用，让年轻的非裔美国人，特别是其中没有受过什么教育的人，有非常高的被监禁风险。据美国国家研究委员会 2014 年透露，在没上过大学的美国非裔男性中，有 20% 曾在某个时刻被关押在州或联邦监狱里面。而在没上完高中的美国非裔男性中，这个

---

[1] Minton & Zeng，2015.

[2] Glaze & Kaeble，2014.

[3] Carson，2015；U. S Census Bureau，2014.

[4] Maure & King，2007.

[5] Gottschalk，2015.

[6] Cuerino，Harrison，& Sabol，2012；Kilgore，2014.

比例上升至68%。1972~2010年，在上过大学的20~39岁男性之中，被监禁的比例有轻微的增长；然而，在没上过大学和高中没毕业的男性（特别是后者）之中，被监禁率猛然上升。

我们每次都能看到，大规模的监禁源于严重的社会不平等并进一步加剧了社会不平等。当我们进一步考虑到监禁对家庭的影响之后，这个事实变得更加残酷。修订后的2008年美国司法统计局报告①表明，在2007年年中，有超过一半被关押在州立（52%）和联邦监狱（63%）的人的孩子都没有满18岁。在那时，他们的孩子约占全美儿童的2.3%，其中半数的孩子都很年幼（9岁或更小）。其中，非裔、西裔/拉美裔儿童的数量分别是白人儿童数量的7.5倍和2.5倍。而且，这个数字还没有包含那些父母被关押在地方监狱的孩子。"量刑计划"2009年的一份报告显示，每15名非裔或42名西裔/拉美裔儿童中就有1名儿童的父母遭到监禁，而在白人儿童中这个比例仅为1/111②。

尽管我们不能忽视，有些儿童在面对逆境时能快速地恢复并适应良好③，但有一个被监禁的父母会给孩子带来很多挑战。这些挑战包括行为和情感问题、家庭内部关系的中断以及经常伴随出现的贫困、父母物质滥用以及在照料孩子的安排和学校方面的诸多转变④。与此相关的是，这些挑战也可能会影响到那些父母被监禁的孩子的照料者们，他们往往既要给孩子，

① Glaze & Maruschak，2010.
② Schirmer，Nellis，& Mauer，2009.
③ Poehlmann & Eddy，2013.
④ Engstrom，2008.

还要给被监禁的孩子父母提供关键的物质和情感支持①。

被监禁的对象往往存在精神疾病或物质滥用问题，或是在美国的刑事司法系统中经受了长期的压迫，这让大规模监禁与社会弱势地位及社会不平等之间的关系更为密切②。维拉研究所（Vera Institute）的尼古拉斯·特纳（Nicholas Turner）认为"监狱为有精神卫生问题的人们提供了最后的依靠"。这个群体普遍被指控为存在非暴力行为且无力支付小额保释金。他们接下来的各种遭遇（包括物质滥用、有限的医疗保健和长期的单独监禁）会进一步加剧他们的精神卫生问题。一篇2013年发表于《华尔街日报》的文章③指出，美国三个最大的县级监狱系统，即位于库克县（Cook County）、洛杉矶县（Los Angeles County）和纽约市的监狱同时也是全美最大的心理健康治疗机构。在这些监狱里，每天（在2013年共有约4.15万在押犯人）中有1.1万人接受了精神卫生方面的治疗。然而，还有很多存在精神卫生和物质滥用问题的人在被监禁期间并没有接受过任何治疗④，这个群体中的很多人因为缺乏适当的治疗而更容易被卷入刑事司法系统之中⑤。虽然处在禁毒运动的大

25

---

① Engstrom, 2008.

② Harlow, 1999；James & Glaze, 2006；National Research Council, 2014；Teplin, 1990, 1994；Teplin, Abram, & McClelland, 1996；Winham, Engstrom, Golder, Renn, Higgins, & Logan, 2015.

③ Fields & Phillips, 2013.

④ James & Glaze, 2006；Teplin, Abram, & McClelland, 1997.

⑤ Evans, Li, Pierce, & Hser, 2013；Garnick etal., 2014；Kissin, Tang, Campbell, Claus, & Orwin, 2014；Van Dorn, Desmarais, Petrila, Haynes, & Singh, 2013.

背景之下，而且在被监禁群体中有很大一部分人存在物质滥用问题〔据估计，地方监狱中68%及州立（53.4%）和联邦监狱（45.5%）中接近一半的人都符合物质使用障碍的诊断标准〕[1]，但令人震惊的是，大部分需要接受治疗的人在被监禁、回归社区、处于缓刑或假释期间没有得到治疗[2]。

另外，像这些一样令人不安的是，长时间的监禁会带来更糟糕的后果。正如玛丽·戈特沙尔克（Marie Gottschalk）描述[3]的那样，数百万人因为监禁而被判处"剥夺民事权利"。这让他们无权申请公共住房、学生贷款、食品券和很多专业执照，还限制了他们的选举投票权等。除了正式限制他们的这些权利，有犯罪案底还会限制他们的就业前景，限制他们重建生活、养活自己和家人，以及避免再次被捕和被监禁的机会。

结束大规模监禁：我们应该做些什么

大规模监禁是多种原因共同作用的结果，这些原因包括治安惯例、量刑政策、对物质滥用和精神疾病的应对、教育和就业机会的匮乏，以及某些经济和政治方面的影响。要有效解决这个问题也需要从多个方面入手，解决方案需要获得经验的支持，并在实施时进行评估以检验它的预期和非预期效果。以下

26

---

[1]　Karberg & James, 2005；Mumola & Karberg, 2006.

[2]　Belenko & Peugh, 2005；Karberg & James, 2005；Mumola & Karberg, 2006；Taxman, Perdoni, & Harrison, 2007.

[3]　Marie Gottschalk, 2015.

是我们认为比较关键的几种策略。

指导原则，评估和必要时的转变过程。美国国家研究委员会 2014 年就主张①，虽然人要为自己的行为负责，但我们在打击犯罪时要充分考虑到入狱可能会给个人、家庭、社区和社会带来的严重后果，也要考虑以下四个原则：（1）**违法行为的判决和它的严重程度要成正比**；（2）**要简短**，判决时长不能超过需要的时长；（3）**公民权**，监禁不能长时间地侵害公民的权利；（4）**社会公正**，通过监禁能达到合理、公正的社会目标。我们拥护这些主张并进一步指出，根据这些原则而制定的策略和实践带来的预期和非预期效果必须经过无党派人士的严格评估。在当前大规模监禁的背景之下，我们必须提出一个显而易见却又往往被忽视的观点：我们不应该继续资助失败的政策和实践，特别是当它们对个人、家庭、社区和社会造成了可怕的后果之后。

量刑。量刑改革正在努力缩短刑期和服刑时间。例如，加州最近通过了第 47 号修正案（Proposition 47），将 6 种无暴力犯罪前科的非暴力犯罪从重罪降为了轻罪，这样的话，监狱关押的人数预计会减少，而刑期会缩短。2012 年，加利福尼亚州（California）通过了第 36 号修正案（Proposition 36），为那些非暴力、不严重的"第三次"定罪者提供重新判决的机会。2015 年发表于《纽约时报》的一篇文章②报道说，在过去的 18 个月里，在加州曾经被判无期后被释放的罪犯中只有 4.7% 的人再次入狱（通常是因为盗窃或与毒品有关的指控），而总

---

① National Research Council, 2014.
② Eckholm, 2015.

体的再入狱率为 45%。虽然这些努力反映出我们在解决大规 27
模监禁问题的道路上已经迈出了重要的步伐，但是还有很多人
指出，对更严重的罪行进行量刑改革也非常重要。"在大部分
情况下，我们可以将暴力犯罪的判刑减少一半，而这并不会显
著削弱法律的威慑力或增加再犯的风险。"[1] 除了依照以上原
则来审查量刑，立即处理法庭的积压案件也很重要，这样可以
维护犯罪嫌疑人的快速审判权。

行政赦免。现在的行政赦免（总统或州长给予宽大处理或
赦免）十分罕见，这是和 21 世纪上半叶相比最为明显的改变[2]。
据记录，巴拉克·奥巴马总统给予了有限的几次行政赦免，但
这在他的总统任期结束后也许会有所改变[3]。最近，他给 61 名
因为毒品问题而被判刑的犯人进行了减刑。据报道，截至 2016
年 3 月 30 日，因为他而获得减刑的犯人总数已达 248 人[4]。虽
然各州之间存在差异，但是州长们都很少行使这项权力。

分析政策对不同的民族、种族和性别的影响。所有和监禁
有关的政策都应该包含被"量刑计划"称为"种族影响报告"
（Racial Impact Statement）方面的内容[5]，这个报告会在实施前
分析政策对民族和种族的相关影响。另外，我们认为在实施前
还要分析政策对性别的影响，并在实施后分析政策对民族、种
族和性别三者的影响。

---

[1]　Marc Mauer and David Cole, 2015.
[2]　Gottschalk, 2015.
[3]　Sink, 2015；Shear, 2016.
[4]　Shear, 2016.
[5]　Mauer & King, 2007.

毒品法改革。联邦和州政府开始辨别哪些刑事司法政策和实践没有效果，这时改革已经开始了。例如，纽约的《洛克菲勒禁毒法》（*Rockefeller Drug Laws*）被废除了［该法律因纳尔逊·洛克菲勒（Nelson Rockefeller）州长而得名，他倡导了这项 1973 年出台的法律，它通常被认为是全国范围内最为严苛的禁毒法，强制判处销售两盎司（ounce）或持有四盎司可卡因、海洛因和大麻等毒品的人 15 年至无期的监禁］，这让更多的人去接受治疗而不是被关进监狱①。数个州出台了一些法案来降低对各种毒品指控的处罚，为那些被指控的人提供了除坐牢之外的一些替代方案。特别是因为这些卷入刑事司法系统（即被监禁）的个体非常容易受到迫害或产生物质滥用和心理健康问题②，所以当务之急是考虑拘禁之外的其他解决方法，为治疗和服务提供途径，并通过减少监禁的使用来解决这些潜在的问题。

替代监禁的措施。我们必须进一步开发、研究并广泛采用（当它表现出积极效果的时候）一系列替代监禁的措施。虽然不是没有批评意见，但与其他方法相比，成人毒品法庭能降低物质滥用及再次卷入刑事司法系统的风险，它需要协调物质滥用治疗、社会服务，以及刑事司法程序与监管之间的关系③。精神卫生法庭类似毒品法庭，把精神病患者转介到治疗机构并由法院进行监管，而不是将他们关在监狱里面。在多个地区进

---

① Parsons，2015.

② Harlow，1999；James & Glaze，2006；National Research Council，2014；Teplin，1990，1994；Teplin，Abram，& McClelland，1996；Winham et al.，2015.

③ Mitchell，Wilson，Eggers，& MacKenzie，2012.

行的研究发现，与接受常规治疗的人相比，参加精神卫生法庭的人每年无论是被捕人次还是被监禁天数都要更少①。

激励的改革。联邦政府向城市和州提供了约40亿美元用于刑事司法活动。然而，当前的资助体系会为逮捕和缴获提供物质奖励。它的替代方案是，当州和城市实施的方案能够既能保障公共安全又能减少监禁时，联邦政府才可以提供财政奖励②。

实证导向，强调再次融入社区。监禁会通过任何一种你可以想象得到的方式破坏人们的生活，让人们在出狱后试图再次融入社区时遇到几乎不可逾越的障碍。更为雪上加霜的是，因为有了案底，这些人很难获得一般的住房、工作及教育资源。重罪记录带来的歧视会持续一生，就像劳雷莱·莱德（Lorelei Laird）2013年在《美国律师协会学报》（*American Bar Association Journal*）上发表的文章里写的那样，是"5万种法律规定的附属结果"。大约有93%的服刑人员会在一定时期内被释放③，因此非常有必要从他们被监禁的那天起就着手解决他们重返社区的问题。《纽约时报》2015年的一篇报道中提到的挪威的一座看守最为严格的监狱——哈尔登（Halden），就是印证了这种取向。它的基本方向是帮助人们做好准备，让他们能在监禁结束后顺利地回归社区。监狱里的许多惯例和组织结构都有助于实现这个目标。但我们必须特别关注的是，要在每个人

29

① Steadman, Redlich, Callahan, Robbins, & Vesselinov, 2011.
② Chettiar, 2014; Fortier & Chettiar, 2014.
③ Petersilia, 2003.

离开监狱前都为他们回归社会做好准备，确保他们能够获得必要的住房、工作和社会方面的支持。在美国开展的一些研究特别指出，住房、满足基本需求的能力、享受医疗保健的机会和对物质滥用问题的关注都非常重要，是避免他们因再次犯罪而被监禁的重要因素[1]。然而，我们对以社区为基础的、试图解决这些需求的综合性再融入项目进行了评估，并发现了不一致的结果。有些研究发现，这些项目对再次卷入刑事司法系统和毒品复吸产生了积极的影响，而另一些研究却没有发现什么影响，甚至还发现了消极的影响[2]。至关重要的是，在美国，我们将优先考虑以下三个方面的内容：（1）对社区再融入项目进行研究，（2）确定哪些方法是行之有效的，（3）吸收并利用那些获得实证支持的项目。

以家庭为主的服务。个体监禁会对家庭、社会网络及通常情况下的社区产生连锁作用。越来越多的研究建议要解决育儿问题，而让孩子与服刑的父母保持联系能带来一些积极的效果，例如降低父母再次卷入刑事司法系统的风险。但是，很少有地方提供这项服务。就算有地方提供了这项服务，它也很少包括儿童的看护人[3]。我们需要集合来自重要的支持者和儿童看护人的多方面的力量，这样会拥有巨大的、尚未被发掘出来的潜力，并能带来多方面的积极效果，如改

---

[1] Ereudenberg, Daniels, Crum, Perkins, & Richie, 2005；Mallik-Kane & Visher, 2008；Luther, Reichert, Holloway, Roth, & Aalsma, 2011.

[2] Grommon, Davidson, & Bynum, 2013.

[3] 如需进一步讨论，请参阅 Engstrom, 2008.

善家庭关系和情绪体验、降低个人再次被监禁的风险等。这个领域的研究和项目发展对实现这种未被挖掘的潜力来说至关重要。另外，提供给受监禁影响的家庭的资源必须分布很广，这一点也非常重要。例如，《芝麻街》（Sesame Street）的工具箱"小朋友，大挑战：监禁"（Little Children，Big Challenges：Incarceration）就是这样一种资源，它提供了一种对儿童来说很友好的工具来帮助儿童理解监禁、应对它的影响并维持家庭关系。然而这样的工具箱也受到了批评，因为它的资金部分来自 BAE 系统慈善分部，而这个分部是美国国防部（Department of Defense）的一个承包商，它的劳力来自被监禁在营利性机构的人们①。

物质滥用的治疗。在美国，要获取得到实证支持的物质滥用治疗还存在很大的缺口，我们需要确保人们可以获得各式各样的、有实证支持的、针对物质滥用问题的心理、社会和药物干预方法，包括那些在广泛的社会和监禁背景下可以同时解决精神卫生和心理创伤问题的干预手段，而回归社区就能有效地减少监禁。这项干预策略的关键之处在于，美国需要把对物质滥用的回应从道德和犯罪的视角转向公共卫生的视角，这种视角认为物质滥用及其相关问题都有着非常复杂的影响因素，我们要通过科学来提升个体、家庭、社区和社会的健康和幸福感②。

越来越多的研究建议在监狱中推广物质滥用治疗，特别是

---

① Trotter，2013.

② Miller，Forcehimes，& Zweben，2011.

在服刑人员回归社区，可以获取以社区为基础的治疗的时候①；然而，在实现这一点的过程中会接连遇到很多挑战，这31 些挑战包括：确保能在监狱中获得该服务，在人们回归社区时为他们联系物质滥用治疗机构，并支持他们能够持续地在社区接受物质滥用治疗②。新兴的研究发现药物治疗，如美沙酮（methadone）、丁丙诺啡（buprenorphine）和纳曲酮（naltrexone）可以有效地减少回归社区后的物质滥用行为③。例如，对那些对鸦片类药物（opioid，如处方类止痛药和海洛因）成瘾的人来说，维他命醇（Vivitrol）——一种每月注射一次的纳曲酮缓释剂，可以降低他们出狱后再次使用鸦片类药物的概率④。例如，肯塔基州（Kentucky）的"监督激励责任和治疗项目"（Supervision Motivation Accountable Responsibility and Treatment Program）就是一个通过合作诊所来提供维他命醇的缓刑期服务项目⑤。

精神卫生治疗。社区资源的匮乏以及对精神卫生问题和治疗的污名化的共同作用，使精神病患者没有办法得到他们需要的支持。这种负面作用在去机构化（deinstitutionalization）开

---

① Belenko, Hiller, & Hamilton, 2013；Chandler, Fletcher, & Volkow, 2009；Grommon et al., 2013；National Institute on Drug Abuse, 2007；Taxman, 2009.

② Belenko & Peugn, 2005；Belenko, et al., 2013；Chandler et al., 2009；Grommon et al., 2013；Karberg & James, 2005；Mumola & Karberg, 2006；Taxman, 2009；Taxman et al., 2007.

③ Belenlo et al., 2013；Chandler et al., 2009；National Institute on Drug Use, 2007；Taxman, 2009.

④ Lee et al., 2015.

⑤ Associated Press, 2015.

始之后引发了更多问题。去机构化始于 1955 年，它把人们从州立精神病院中转移出来并极大地削弱了这些医院的职能。据一份来自治疗倡导中心（Treatment Advocacy Center）的报告估计①，关押在监狱和拘留所里的严重精神病患的人数是州立精神病院的 10 倍。各种针对精神病患者的干预项目都要求缩减刑期及相关费用，而这些治疗的花费已经超过了相应的社区治疗的费用②。我们需要的干预包括：能够获得有实证支持的精神卫生治疗以及综合性物质滥用治疗，能够获得住房、职业资源和社会服务，这种服务可以帮助精神病患者以及他们的家庭和社区维持良好的功能运作和生活品质③。我们还需要尽早地采取措施来降低初次和持续卷入刑事司法系统可能带来的风险，包括警方对精神病患者更为友好的反应。例如，危机干预团队里要有受过训练的警察和合作的医疗中心，这些警察接受过相关培训知道如何对精神病患者做出回应，而医疗中心则负责提供应急的精神卫生服务④。尽管得到的结果并不一致，但是使用这些团队可能会降低逮捕率并减缓精神疾病症状，并加强精神病患者和精神卫生服务之间的联系⑤。研究还支持给那些既有精神疾病又有物质滥用问题的人提供监狱分流项目，认为这样可能会缩短他们的服刑时间并提高他们的治疗参与

32

----

① Torrey et al. , 2014.

② 例如，American Psychiatric Association, 2001.

③ Corrigan, 2016；Lamberti, Weisman, & Faden, 2004.

④ Corrigan, 2016；Watson & Fulambarker, 2012.

⑤ Arey, Wilder, Normore, Iannazzo, & Javidi, 2016；Taheri, 2016；Watson & Fulambarker, 2012.

度①。如果不能分流，那就需要提供适当的精神卫生治疗和需要的医疗服务，这些对被监禁的精神病患者来说都是非常必要的。而且我们还需要确保，他们在回归社区后可以和社区治疗与服务保持联系②。《平价医疗法案》给那些选择拓展医疗补助计划的州提供了一些资金上的支持，该计划为从监狱回归社区的人们提供了精神卫生和物质滥用服务。

教育。教育包括完成高中和大学学业，它能降低入狱的风险③。美国民权联盟发现了很多导致"从学校进入监狱"的原因，基于这些原因，教育必须做到以下几点：

（1）公立学校必须拥有充足的资金和资源，这样所有的学生都能茁壮成长并且不会辍学；

（2）校规程序正当且均衡；

（3）审核并采用最有效的方法来确保学生的安全，支持他们与其他同学、与教职工之间的关系，避免警察出现在学校里（有些人可能会觉得很惊讶，有些学校里竟然有警察在走廊里巡逻并惩处非暴力的破坏行为）；

（4）对感化学校进行适当的监督，确保学生接受的教育可以帮助他们在毕业后拥有更多的发展机会；

（5）青少年司法制度要提供合适的司法代理、恰当的教育机会，以及有助于青少年走上正轨的策略。

---

① Steadman & Naples，2005.

② Corrigan，2016.

③ National Research Council，2014.

草根阶层的力量。持续的来自草根阶层的力量非常重要，它可以确保人们会一直关注大规模监禁，而且背后会有多方面的策略来帮助解决那些推动大规模监禁的各式各样的复杂因素。许多个人和团体都支持更高水平的公平和公正、更完善的移民政策、重刑的减少，以及避免监禁的持久影响。来自草根阶层的支持能够起到非常大的作用。例如，根据"量刑计划"的描述，"寻求公正"（Out for Justice）和"就业机会特别工作组"（Job Opportunities Task Force）通力合作，在 2015 年《马里兰州二次机会法案》（*Maryland Second Chance Act*）的颁布中扮演了重要的角色。想要了解和参与更多解决大规模监禁问题的行动，欢迎去 http://newjimcrow.com/take-action 浏览更多的相关资源和机构信息。

越来越多的人开始承认，美国的大规模监禁规模宏大，并且需要我们立即行动起来以减轻它对个人、家庭、社区和社会的影响。为了达到预期的效果，这种行动要关注那些能够解决相关社会问题的全方位策略。让我们利用现在那些呼吁改变的声音，确保国家会优先考虑那些针对大规模监禁的、获得了实证支持的全方位行动，这样就可以更好地实现美国社会是一个公正社会的承诺。

34

参考文献

Alexander, M. (2010). *The new Jim Crow: Mass incarceration in the age of colorblindness*. New York, NY: New York University Press.

American Civil Liberties Union. (n.d.). Combating mass incarceration—the facts. Retrieved from https://www.aclu.org/infographic-combating-mass -incarceration-facts?redirect=combating-mass-incarceration-facts-0.

———. (n.d.). What is the school-to-prison pipeline? Retrieved from https:// www.aclu.org/fact-sheet/what-school-prison-pipeline.

American Psychiatric Association. (2001). Gold Award: Helping mentally ill people break the cycle of jail and homelessness—The Thresholds, State, County Collaborative Jail Linkage Project, Chicago. *Psychiatric Services, 52*(10), 1380–82.

Associated Press. (2015). Kentucky officials hope drugs can help drug addicts. *NewsOk.*

Arey, J. B., Wilder, A. H., Normore, A. H., Iannazzo, M. D., & Javidi, M. (2016). Crisis intervention teams: An evolution of leadership in community and policing. *Policing, 10*(2), 143–149.

Belenko, S., Hiller, M., & Hamilton, L. (2013). Treating substance use disorders in the criminal justice system. *Current Psychiatry Reports, 15*(11), 414.

Belenko, S., & Peugh, J. (2005). Estimating drug treatment needs among state prison inmates. *Drug and Alcohol Dependence, 77*(33), 269–281.

Benko, J. (2015). The radical humaneness of Norway's Halden Prison. *New York Times*, March 26.

Bureau of Justice Statistics. (1982). *Prisoners 1925–81* (NCJ 85861). Washington, DC: U.S. Department of Justice, Bureau of Justice Statistics.

———. (2015). The nation's jails held fewer inmates at midyear 2014 compared to their peak count in 2008. Press release. Washington, DC: U.S. Department of Justice, Bureau of Justice Statistics.

Carson, E. A. (2014). *Prisoners in 2013* (NCJ 247282). Washington, DC: U.S. Department of Justice, Office of Justice Programs, Bureau of Justice Statistics.

———. (2015). *Prisoners in 2014* (NCJ 248955). Washington, DC: U.S. Department of Justice, Office of Justice Programs, Bureau of Justice Statistics.

Chandler, R. K., Fletcher, B. W., & Volkow, N. D. (2009). Treating drug abuse and addiction in the criminal justice system: Improving public health and safety. *JAMA, 301*(2), 183–90.

Chettiar, I. (2014). Feds can help reform police, but watch out for unintended consequences. *Reuters.*

Clarke, M. (2013). Dramatic increase in percentage of criminal cases being plea bargained. *Prison Legal News.*

Corrigan, P. (2016). *Principles and practice of psychiatric rehabilitation: An empirical approach* (2nd ed.). New York: Guilford.

35

Devers, L. (2011). *Plea and charge bargaining: Research summary*. Washington, DC: Bureau of Justice Assistance, U.S. Department of Justice.

Eckholm, E. (2015). Out of prison, and staying out, after 3rd strike in California. *New York Times*.

Engstrom, M. (2008). Involving caregiving grandmothers in family interventions when mothers with substance use problems are incarcerated. *Family Process, 47,* 357–371.

Epperson, M., & Pettus-Davis, C. (2015). Reducing Illinois prison population is a marathon not a sprint. *Chicago Sun Times*.

Evans, E., Li, L., Pierce, J., & Hser, Y.-I. (2013). Explaining long-term outcomes among drug dependent mothers treated in women-only versus mixed-gender programs. *Journal of Substance Abuse Treatment, 45*(3), 293–301.

Fellner, J. (2006). Corrections quandary: Mental illness and prison rules. *Harvard. CR-CLL Review, 41,* 391–412.

Fields, G., & Phillips, E. E. (2013). The new asylums: Jails swell with mentally ill. *Wall Street Journal*.

Fortier, N., & Chettiar, I. (2014). *Success-oriented funding: Reforming federal criminal justice grants*. New York, NY: Brennan Center for Justice.

Freudenberg, N., Daniels, J., Crum, M., Perkins, T., & Richie, B. E. (2005). Coming home from jail: The social and health consequences of community reentry for women, male adolescents, and their families and communities. *American Journal of Public Health, 95*(10), 1725–1736.

Garnick, D. W., Horgan, C. M., Acevedo, A., Lee, M. T., Panas, L., Ritter, G. A., . . . Wright, D. (2014). Criminal justice outcomes after engagement in outpatient substance abuse treatment. *Journal of Substance Abuse Treatment, 46*(3), 295–305.

Glaze, L. E., & Kaeble, D. (2014). *Correctional populations in the United States, 2013* (NCJ 248479). Washington, DC: U.S. Department of Justice, Office of Justice Programs, Bureau of Justice Statistics.

Glaze, L. E., & Maruschak, L. M. (2008, revised 2010). *Parents in prison and their minor children* (NCJ 222984). Washington, DC: U.S. Department of Justice, Office of Justice Programs, Bureau of Justice Statistics.

Gonnerman, J. (2014). Before the law. *New Yorker*, October 6.

———. (2015). Kalief Browder, 1993-2015. *New Yorker*, June 7.

Gottschalk, M. (2015). *Caught: The prison state and the lockdown of American politics*. Princeton, NJ: Princeton University Press.

Grommon, E., Davidson, W. S., & Bynum, T. S. (2013). A randomized trial of a multimodal community-based prisoner reentry program emphasizing

36

substance abuse treatment. *Journal of Offender Rehabilitation, 52*(4), 287–309.

Guerino, P., Harrison, P. M., & Sabol, W. (2011, revised 2012). *Prisoners in 2010* (NCJ 236096). U.S. Department of Justice, Office of Justice Programs, Bureau of Justice Statistics.

Harlow, C. W. (1999). *Prior abuse reported by inmates and probationers* (NCJ 1782879). Washington, DC: U.S. Department of Justice, Office of Justice Programs, Bureau of Justice Statistics.

Human Rights Watch. (2013). *An offer you can't refuse: How US federal prosecutors force drug defendants to plead guilty*. New York, NY: Human Rights Watch.

James, D. J., & Glaze, L. E. (2006). *Mental health problems of prison and jail inmates* (NCJ 213600). Washington, DC: U.S. Department of Justice, Office of Justice Programs, Bureau of Justice Statistics.

Kaeble, D., Glaze, L., Tsoutis, A., & Minton, T. (2015, revised 2016). *Correctional populations in the United States, 2014* (NCJ 249513). Washington, DC: U.S. Department of Justice, Office of Justice Programs, Bureau of Justice Statistics.

Karberg, J. C., & James, D. J. (2005). *Substance dependence, abuse, and treatment of jail inmates, 2002* (NCJ 209588). Washington, DC: U.S. Department of Justice, Office of Justice Programs, Bureau of Justice Statistics.

Kearney, M. S., Harris, B. H., Jacome, E., & Parker, L. (2014). *Ten economic facts about crime and incarceration in the United States*. Washington, DC: Hamilton Project.

Kilgore, J. (2014). Prop 47, immigration reform and more: The contradictory road of "reforming" mass incarceration. *Truthout*.

Kissin, W. B., Tang, Z., Campbell, K. M., Claus, R. E., & Orwin, R. G. (2014). *Journal of Substance Abuse Treatment, 46*(3), 332–339.

Kyckelhahn, T. (2015). *Justice expenditure and employment extracts, 2012: Preliminary*. Bureau of Justice Statistics, http://www.bjs.gov/index.cfm?ty=pbdetail&iid=5239.

Laird, L. (2013). Ex-offenders face tens of thousands of legal restrictions, bias and limits on their rights. *American Bar Association Journal*.

Lamberti, J. S., Weisman, R., & Faden, D. I. (2004). Forensic assertive community treatment: Preventing incarceration of adults with severe mental illness. *Psychiatric Services, 55*(11), 1285–1293.

Leahy, P. (2013, March 18). On the fiftieth anniversary of Gideon v. Wainwright and the introduction of the Gideon's Promise Act of 2013. Retrieved from

37

https://www.leahy.senate.gov/press/on-anniversary-of-historic-scotus
-decision-leahy-introduces-gideons-promise-act.

Lee, J. D., McDonald, R., Grossman, E., McNeely, J., Laska, E., Rotrosen, J., & Gourevitch, M. N. (2015). Opioid treatment at release from jail using extended-release naltrexone: A pilot proof of concept randomized effectiveness trial. *Addiction, 110*(6), 1008–1014.

Lee, M. Y. H. (2015). Does the United States really have 5 percent of the world's population and one quarter of the world's prisoners? *Washington Post.*

Mallik-Kane, K., & Visher, C. A. (2008). *Health and prisoner reentry: How physical, mental, and substance abuse conditions shape the process of reintegration.* Washington, DC: Urban Institute.

Mauer, M., & Cole, D. (2015). How to lock up fewer people. *New York Times.*

Mauer, M., & King, R. S. (2007). *Uneven justice: State rates of incarceration by race and ethnicity.* Washington, DC: Sentencing Project.

Miller, W. R., Forcehimes, A. A., & Zweben, A. (2011). *Treating addiction: A guide for professionals.* New York, NY: Guilford Press.

Minton, T. D., & Golinelli, D. (2014). *Jail inmates at midyear 2013—Statistical tables (NCJ 245350).* Washington, DC: U.S. Department of Justice, Office of Justice Programs, Bureau of Justice Statistics.

Mitchell, O., Wilson, D. B., Eggers, A., & MacKenzie, D. L. (2012). Assessing the effectiveness of drug courts on recidivism: A meta-analytic review of traditional and non-traditional drug courts. *Journal of Criminal Justice, 40*(1), 60–71.

Mumola, C. J., & Karberg, J. C. (2006). *Drug use and dependence, state and federal prisoners, 2004* (NCJ 213530). Washington, DC: U.S. Department of Justice, Office of Justice Programs, Bureau of Justice Statistics.

National Institute on Drug Abuse. (2007). *Principles of drug abuse treatment for criminal justice populations* (NIH Publication No. 11-5316). Washington, DC: National Institutes of Health, National Institute on Drug Abuse.

National Research Council. (2014). *The growth of incarceration in the United States: Exploring causes and consequences.* Washington, DC: National Academies Press.

Neal, M. (2012). *Bail fail: Why the U.S. should end the practice of using money for bail.* Washington, DC: Justice Policy Institute.

New York Times Editorial Board. (2014). End mass incarceration now. *New York Times.*

Parsons, J. (2015). *End of an era? The impact of drug law reform in New York City.* New York, NY: Vera Institute.

38

Petersilia, J. (2003). *When prisoners come home: Parole and prisoner reentry.* New York, NY: Oxford University Press.

Poehlmann, J., & Eddy, J. M. (2013). Relationship processes and resilience in children with incarcerated parents. *Monographs of the Society for Research in Child Development, 78*(3), 1–6.

Prins, S. J. (2014). Prevalence of mental illnesses in U.S. state prisons: A systematic review. *Psychiatric Services, 65*(7), 862–72.

Rakoff, J. S. (2014). Why innocent people plead guilty. *New York Review of Books*, November 20.

Roeder, O., Eisen, L-B., & Bowling, J. (2015). *What caused the crime decline?* New York, NY: Brennan Center for Justice.

Sarteschi, C. M., Vaughn, M. G., & Kim, K. (2011). Assessing the effectiveness of mental health courts: A quantitative review. *Journal of Criminal Justice, 39*(1), 12–20.

Schirmer, S., Nellis, A., & Mauer, M. (2009). *Incarcerated parents and their children: Trends, 1991–2007.* Washington, DC: Sentencing Project.

Schwirtz, M., & Winerip, M. (2015). Kalief Browder, held at Rikers Island for 3 years without trial, commits suicide. *New York Times.*

The Sentencing Project. (2013). *Report of the Sentencing Project to the United Nations Human Rights Committee regarding racial disparities in the United States criminal justice system.* Washington, DC: Sentencing Project.

———. (2015, June 1). State advocacy update: Grassroots strategy to address mass incarceration. Retrieved from http://www.sentencingproject.org/news/state-advocacy-update-grassroots-strategy-to-address-mass-incarceration/.

Shear, M. D. (2016). Obama commutes sentences for 61 convicted of drug crimes. *New York Times.*

Sink, J. (2015). Obama commutes sentences for 22 convicted of federal drug crimes. *Bloomberg.*

Steadman, H. J., & Naples, M. (2005). Assessing the effectiveness of jail diversion programs for persons with serious mental illness and co-occurring substance use disorders. *Behavioral Sciences & the Law, 23*(2), 163–70.

Steadman, H. J., Redlich, A., Callahan, L., Robbins, P. C., & Vesselinov, R. (2011). Effect of mental health courts on arrests and jail days: A multisite study. *Archives of General Psychiatry, 68*(2), 167–172.

Stevenson, B. (2014). *Just mercy: A story of justice and redemption.* New York, NY: Spiegel & Grau.

39

Stiglitz, J. E. (2015). Foreword. In O. Roeder, L-B. Eisen, & Julia Bowling (Authors). *What caused the crime decline?* New York, NY: Brennan Center for Justice.

Taheri, S. A. (2016). Do crisis intervention teams reduce arrests and improve officer safety? A systematic review and meta-analysis. *Criminal Justice Policy Review, 27*(1), 76–96.

Taxman, F. S. (2009). Drug treatment for offenders: Evidence-based criminal justice and treatment practices. Testimony provided to the Subcommittee on Commerce, Justice, Science, and Related Agencies. Retrieved from https://www.gmuace.org/documents/presentations/2009/2009-presentations-drug-treatment-for-offenders.pdf.

Taxman, F. S., Perdoni, M. L., & Harrison, L. D. (2007). Drug treatment services for adult offenders: The state of the state. *Journal of Substance Abuse Treatment, 32*(3), 239–254.

Teller, J. L. S., Munetz, M. R., Gil, K. M., & Ritter, C. (2006). Crisis intervention team training for police officers responding to mental disturbance calls. *Crisis, 57*(2), 232–237.

Teplin, L. A. (1990). The prevalence of severe mental disorder among male urban jail detainees: Comparison with the Epidemiologic Catchment Area Program. *American Journal of Public Health, 80*(6), 663–669.

———. (1994). Psychiatric and substance abuse disorders among male urban jail detainees. *American Journal of Public Health, 84*(2), 290–293.

Teplin, L. A., Abram, K. M., & McClelland, G. M. (1996). Prevalence of psychiatric disorders among incarcerated women: I. Pretrial jail detainees. *Archives of General Psychiatry, 53*(6), 505–512.

———. (1997). Mentally disordered women in jail: Who receives services? *American Journal of Public Health, 87*(4), 604–609.

Torrey, E. F., Zdanowicz, M. T., Kennard, A. D., Lamb, H. R., Eslinger, D. F., Biasotti, M. C., & Fuller, D. A. (2014). *The treatment of persons with mental illness in prisons and jails: A state survey.* Arlington, VA: Treatment Advocacy Center.

Trotter, J. K. (2013). Why is a defense contractor paying for Sesame Street's parents-in-jail lesson? *The Wire.*

Turner, N. (2015). Stop placing the mentally ill in jails. *New York Times.*

U.S. Census Bureau. (2014). *Annual estimates of the resident population by sex, age, race, and Hispanic origin for the United States and States: April 1, 2010 to July 1, 2014.*

Van Dorn, R. A., Desmarais, S. L., Petrila, J., Haynes, D., & Singh, J. P. (2013). Effects of outpatient treatment on risk of arrest of adults with serious mental illness and associated costs. *Psychiatric Services, 64*, 856–862.

40

49

Watson, A. C., & Fulambarker, A. J. (2012). The Crisis Intervention Team model of police response to mental health crises: A primer for mental health practitioners. *Best Practices in Mental Health, 8*(2), 71.

Wexler, H. K., & Fletcher, B. W. (2007). National criminal justice drug abuse studies (CJ-DATS) overview. *Prison Journal, 87*(1), 9–24.

Wildeman, C. (2012). Mass incarceration. *Oxford Bibliographies.*

Winham, K. M., Engstrom, M., Golder, S., Renn, T., Higgins, G. E., & Logan, T. K. (2015). Childhood victimization, attachment, psychological distress, and substance use among women on probation and parole. *American Journal of Orthopsychiatry, 85*(2), 145–158.

41

第三章
应该谴责社会工作者，还是社会工作中的官僚体制？

◎安东尼奥·加西亚

◎克里斯蒂娜·德纳尔

人们在位于马萨诸塞州（Massachusetts）的一个遍地害虫的破房子里发现了3名死婴。据报道，他们的母亲艾丽卡·莫雷（Erika Murray）患有精神疾病，她被指控隐瞒婴儿的死亡以及虐待儿童。在同一个州，一名5岁的男孩失踪了好几个月都没被人发现，尽管有关机构那几年一直都在监控他的家庭。3名来自马萨诸塞州儿童和家庭部（Department of Children and Families）的社会工作者被解雇。调查显示，他们未能如期走访，也不能成功地和家庭建立起关系。在洛杉矶，一位名叫伊索罗·阿吉雷（Isauro Aguirre）的男人向执法部门承认，因为女友8岁的儿子加布里埃尔·费尔南德兹（Gabriel Fernandez）

撒谎和说脏话，他殴打了加布里埃尔至少 10 次直到孩子被宣告死亡。虽然加布里埃尔曾经数次报告说他受到了虐待，但儿童和家庭服务部并没有为此采取任何进一步的行动。

这些虐待和死亡的重大案例让我们中的很多人质疑社会工作者的判断力和专业技能。社会工作者很容易成为我们担忧和愤怒的目标。毫无疑问，在这个过程中官僚体制成为社会工作者的绊脚石，让他们无法不遗余力地保护儿童，而且人们往往觉得无力去质疑这种体制。有时候，官僚体制看起来是这么的庞大、复杂和强大，这让它很难被改变。很少有人知道我们其实可以做一些实际的改变，也没人认真思考过，政治选举可以如何改变社会工作者的工作条件，并在之后保障处于他们监管之下儿童的安全。

失职的社会工作者应该承担起相应的责任。同时，我们还鼓励对机构进行重组并对资金进行再分配，这样才能更好地支持我们的社会工作者更好地保护儿童。按照这种思路，本章试图将注意力引向社会工作中和官僚体制有关的关键问题，以及解决这些问题的方法（包括那些在选举期间可以进行投票表决的内容）。

社会工作中的官僚体制

社会工作者受雇于官僚体制，在这样的体制内，他们加班加点地工作，拿着微薄的薪水，也没有受到足够的培训和督导。他们必须对海量的个案做出回应，为了防止死亡、保护家庭以及提高儿童的安全和幸福感，他们需要对这些个案给予高度的关注、严格的评估和实时高效的干预。

2013 年，超过 40 万儿童因为被虐待或被忽视而被安置在寄养机构里面①。然而社会工作者把大量的时间、资源和精力都用在那些处于调查之中、尚未得到核实的个案，只有很少的时间能够用来回应那些需要密切监管和关注的个案。最新的统计数据显示，处于调查之中的儿童虐待和忽视个案超过了 200 万个，其中约 70 万个被认定为存在遭受了虐待和忽视的受害者②。社会工作者表示，因为需要协调工作上的多重要求，他们一直感觉压力很大③。即使在最理想的情况下，儿童保护服务（Child Protective Services，CPS）里海量的报告和调查，寄养机构中大量的需要照料的青少年，以及用来追踪决策过程的堆积如山的文件，都让许多社会工作者感到不堪重负。

43

美国儿童福利联盟（Child Welfare League of America）建议每名社会工作者接手的家庭不要超过 17 个。对某些个案来说，建议的家庭数量更少。例如，对宣称存在儿童虐待的个案进行初始调查的上限是 12 个家庭，而收养个案的上限是 15 名儿童。然而平均来看，儿童福利工作者手头的个案数量已经超过了联盟的推荐值，有时甚至超出了两倍或更多④。位于南卡罗来纳州（South Carolina）的美国社工协会（National Associa-

---

① UDHHS, 2014.

② UDHHS, 2011.

③ Garcia et al. , 2015.

④ Child Welfare League of America, 2001.

tion of Social Workers）执行主席卡拉·达隆（Carla Damron）认为，如果等待处理的个案数量过多，那么社会工作者也许就没办法对一个可能的虐待个案做出准确的判断①。更糟糕的是，社会工作者和督导需要在很短的时间内对个案做出及时回应，这让他们几乎没有时间或动力经过深思熟虑来做出决策②。于是，在这样的压力下，他们很可能会通过一瞬间闪过脑海的心理捷径或图示来决定某个孩子一生的命运③。

使用这种捷径会带来很多负面的结果，包括无法开展及时而周密的儿童保护服务调查，不能及时而持续地提供服务，无法让服务对象稳定地待在同一家安置机构（而不得不反复地从一家移到另一家），以及不能与孩子和家庭进行有效的沟通。这些结果导致很多孩子"得不到应有的帮助"。更惨的是，有些孩子甚至会像加布里埃尔那样，成为全国1500多个因为被虐待和忽视而早逝的儿童中的一员。更令人悲伤的是，在这些早逝的儿童里面，有约80%还不满4岁④。

社会工作者非常容易出现职业倦怠，而管理的个案数量太多也只能部分解释这个现象。大量研究表明，社工所处机构并没有对他们进行足够的培训来帮助他们提供符合（案主所处）文化的照料服务，也没有提供足够的督导，社工日复一日地工作，而因为他们所处的工作环境压力大，员工流失率极高。更

---

①　Self，2014.

②　Buckley et al.，2014.

③　Fedoravicius，et al.，2008.

④　U. S. Department of Health and Human Services，2011.

为火上浇油的是，严格的官僚体制政策和程序让社工缺乏自主性[1]。在这样的情况下，我们怎么期待社会工作者们能够及时而有效地筛选和调查转诊个案，并保障他们的安全和幸福呢？

　　很多进入寄养机构的青少年也面临着很多来自其他照护机构的挑战，这些机构包括执法机构、少年管教所、精神卫生机构及收容所等。然而社会工作者经常反映，他们很难和来自其他照护机构的人员进行交流与合作。在评估和监控结果的时候，缺乏有效的信息和数据共享会给服务供给带来一些纰漏。在我们和同事合作的一项研究中，一位个案管理者提到，"提供服务当然很好，但如果您接纳不了这么多的转介，或是让我们很难转介或很难让我们的当事人真正获得（精神卫生）治疗，这就会成为一个巨大的障碍"[2]。除了大量的待处理个案、高员工流失率和缺乏跨机构合作之外，儿童福利机构还面临着预算危机和招聘冻结，并需要为空缺的岗位招募和挽留合格的人才，以及开展耗时的最佳实践[3]。

　　要开展基于实证的、有保障的实践来减少儿童虐待和忽视问题取决于很多外部原因，例如，和其他机构的接触与合作，是否拥有信息、数据管理、资金、训练有素的员工和技术等[4]。除非能够清除结构和系统方面的障碍并让社会工作者拥有可随意支配的工具和资源，否则预防不良的后果和杜绝儿童

44

---

[1]　Bowen et al. , 2009；Collins-Camargo et al. , 2011.

[2]　Garcia et al. , 2015.

[3]　Day & Peterson, 2008.

[4]　Aarons et al. , 2011.

死亡事件只不过是一句空话。这让我们再次意识到，当儿童死亡或是儿童和家庭出现不良后果的时候，我们不能一味去指责社会工作者。相反，我们必须关注事件发生的背景以及更广泛的社会结构和官僚体制，正是这些因素决定了社会工作者是否以及如何保障儿童的安全性、可持续性和幸福感，也决定了体制性障碍引发和加剧不公正、不平等的途径。这样做能让我们了解，官僚体制的改变是如何帮助社会工作者更有效地保障儿童安全的。

解决方法

使儿童与家庭获得高效的服务。虽然我们呼吁大家去关注
45 结构和体制方面的障碍，但是我们也不愿贬低社会工作者实际操作的重要性。拥有工具非常重要，但是社会工作者还需要接受一些培训，这些培训可以帮助他们了解对特定的群体和他们服务的目标人群来说最为有效的一些服务。社会工作者必须能对个案进行准确的筛查和需求评估，并在社区里拥有一定可供转介的资源，这样可以为儿童提供及时和有效的服务，从而避免虐待和遗弃的发生[①]。

传播和实施有效的策略。然而，只是承认社区资源的重要性还远远不够。我们还需要为辨别、传播和实施最有效的政策和实践策略而努力。目前，我们已经有了很多防止负面结果的

① Garcia et al., 2015.

政策。1997 年颁布的《收养与家庭安全法案》（*Adoptions and Safe Families Act*）让收容变得更为长久，防止儿童在多个寄养机构里面搬来搬去。1974 年出台的《儿童虐待防治法案》（*Child Abuse Prevention and Treatment Act*）为每个州提供了联邦经费，对涉嫌儿童虐待的指控和儿童死亡事件进行回应和调查。另外，《印第安儿童福利法案》（*Indian Child Welfare Act*）在 1978 年通过立法，它的目的是防止拥有印第安血统的美国儿童与他们的家人或部落断开联系。如果能够按照预期计划实施，那么所有的这类政策都能扮演工具性的角色，带来积极的结果并预防儿童死亡。我们需要极强的责任感和法律监管来确保个案的处理谨遵联邦法律。另外，还需要对这些法律进行评估以确保它们能够真正地改善儿童的状况。

资源的再分配。在大多数情况下我们不用担心资金问题。但是，问题在于如何分配这些资金。这些资源是否能够用到刀刃上？通常的建议是对资金进行再分配，雇用更多的员工来处理堆积如山的个案和管理资金。但是，资金支持并不能只停留在这一步。为了预防儿童虐待和死亡事件的发生，我们需要确保儿童和家庭能够获取并接纳新颖而有效的项目及服务。

培训。社会工作者和督导需要定期接受培训，这样才能确保他们知道哪些实践策略最为有效并知道它们的具体实施方法（或者至少知道社区里有谁接受过相关的培训并会实施这些策略）。他们还需要接受培训来学习如何监控案主随着时间推移而取得的进展，以及如何找到个案需要强化干预的关键时机。另外，关注那些接受儿童福利机构服务的个人和群体也是非常

46

重要的。

发展和使用有效的决策工具。 在寄养机构里面，有色人种儿童的数量出乎寻常的多，总的来说，这是由一连串的不公平引起的。与白人小伙伴相比，他们更可能被安置在寄养机构里，而且待在里面的时间更长。更糟糕的是，在过去的15年里进行的一项研究表明，拉美裔和非裔的美国青少年更不可能得到有效的精神卫生服务①。我们需要基于实证的个案决策工具、服务和项目来打破这个种族不平等的循环。我们应该努力工作，这样的话，无论儿童来自哪个种族和族裔都能享受到高质量的服务，让他们不再成为媒体笔下的众多早逝儿童中的一员。机构间的交流和合作很可能推动有效决策的形成②。

必要的预防。 对那些喜欢谈论经济价值的人来说，研究表明，美国2008年因为新增的儿童死亡和非致命性儿童虐待事件总共支出了约1240亿美元。而2010年每个遭到非致命性虐待的儿童的治疗成本为201012美元，其中包括医疗费用、生产力的损失、儿童福利支出、司法成本和特殊教育支出。儿童死亡事件的支出是出奇的高，每死一个孩子要支出1272900美元③。从财政的角度来看，我们可以而且必须将资金投入预防措施，从长远来看这样更省钱。

提供工作方面的支持。 社会工作者需要帮助。如果还没有

---

① Garcia et al. , 2013.

② Palinkas et al. , 2014.

③ Fang et al. , 2012.

说服您的话，那就拿我自己（安东尼奥）——一名社会工作者的个人经历来举例。在获得社会工作硕士学位后的 4 年时间里，我一直都在调查有虐待儿童嫌疑的指控。我接受过相关的教育，参加工作前在一家儿童福利机构完成了为期一年的实习，但我在工作时还是感到全然的不知所措——不仅是因为堆积如山的待处理个案，还因为很多家庭的需求情况都很严重。我数不清有多少次案主要等很久才能获得服务和资源，也数不清有多少次不得不放手让孩子和家庭自生自灭。通过培训，我 ₄₇可以更好地以理论和事实为依据，在需要时结合案主的情况和背景进行一些调整。但是，我觉得自己的处理就像给看似棘手的、不可能解决的公共卫生问题（如暴力、难以想象的各种各样的创伤、物质滥用、毒品交易、精神卫生问题、贫困、团伙暴力和无家可归等）贴了块"创可贴"。某天早上，我到办公室后发现自己被分配了一个这样的个案：一位母亲曾经 26 次刺伤自己年仅 3 岁的女儿。我以前从来没有见过这个家庭，但是我很快发现这个个案在不久之前就结案了，而且没有任何证据表明这位母亲接受了躁郁症（biopolar disorder）的治疗。我遇到了很多这样的案例，而且发现我见到的很多孩子和家庭是拉美裔或非裔，这些都激励我继续攻读社会福利领域的博士学位，从而帮助我解决之前遇到的体制方面的障碍。让我们共同祝愿，在我们的努力之下，未来的儿童福利机构不仅可以为社会工作者自身提供帮助，还可以为那些需要从各种各样的创伤和不公平待遇中走出来的儿童和家庭提供帮助。

您如何参与进来

儿童福利机构得到的经费的增加或再分配都会直接影响这里提到的很多问题——如培训、工作上的支持和预算问题。经费显然非常重要，而您可能认为帮助这些机构获得更多的经费并不在您的能力范围之内。但是，事实并非如此。儿童福利机构的经费来自联邦、州及地方政府这三个层面，而选举人能通过很多方式来施加影响。

在用于儿童福利服务的经费中，最大的一笔资金流来自《社会保障法》（*Social Security Act*，简称"社保法"）的第四章第E条。这项条款为寄养机构里的儿童提供资金，也为被领养或即将被监护的特殊需求儿童提供帮助，还能帮助那些随着年龄的增长而要离开寄养机构的青少年提供独立生存的技能和支持。每个州从这笔资金流中获得的经费（特别是用于寄养机构的经费）随着时间的推移一直都在减少，因为收入标准在近20年间一直保持不变，而它决定了儿童的花销是否可以由联邦政府报销。因此，随着生活成本和联邦贫困线的升高，联邦政府提供给州政府的经费减少了①。这笔资金非常重要，因为这些用于寄养机构的经费不仅用来支付被寄养儿童的生活费用，还用来支付儿童福利社会工作者的培训经费和岗位收入。随着联邦经费的逐步减少，各州只能依靠州和地方政府

48

---

① DeVooght et al., 2012.

以及其他项目（如医疗补助制度和对贫困家庭的临时救助项目）来为儿童福利服务提供经费。因此，在审核未来的州长及市长候选人的时候，我们需要确保当选者会大力资助这些项目，这是至关重要的一点，因为这将为机构提供更多用于儿童福利服务的经费。

另外，联邦政府给州政府提供了机会，让它们可以将一些资金灵活地分配到不同的服务上面，这让州政府可以资助一些基于实证的干预项目（"循证干预"，EBIs），而这些项目以前可能存在资金不足的问题。其中的一个例子就是宾夕法尼亚州的《社保法》第四章第 E 条"豁免示范项目"（Waiver Demonstration Project）。该项目让这个州里县级的儿童福利机构可以自行决定《社保法》第四章第 E 条资金的使用方式。那时，宾夕法尼亚州的各个县可以对儿童福利系统里的儿童与家庭提供三种基于实证的治疗方法，而这些治疗方法在以前因为缺少资金而无法得到实施。豁免示范项目提供的资金让各个州可以培训儿童福利社会工作者，开发数据库用来跟踪儿童与家庭的情况，并培训员工利用当地的数据库来为实践提供依据。《社保法》第四章第 E 条"豁免示范项目"是《儿童与家庭服务改进和创新法案》（*Child and Family Services Improvement and Innovation Act*）中的一项条款，该法案在 2011 年被再次给予了 5 年的授权[1]。这项法案在 2016 年将会被重新授权，这意味着国会将有权改变儿童福利联邦资金的分配方式。作为选举

---

[1]　DeVooght et al., 2012.

人，这对于您来说是一个很好的机会，您可以联系您的国会代表和参议员，共同呼吁各州保留重新分配联邦资金的权力，并进一步推广这个项目让更多的州可以重新分配资金来保障儿童的安全。

参考文献

Aarons, G.A., Hurlburt, M., & Horwitz, S. (2011). "Advancing a conceptual model of evidence-based practice implementation in public service sectors." *Administration and Policy in Mental Health and Mental Health Services Research*, 38, 4–23.

Bowen, S., Erickson, T., Martens, P. J., & Crockett, S. (2009). More than "using research": The real challenges in promoting evidence-informed decision-making. *Healthcare Policy*, 4(3), 87–102.

Buckley, H., Tonmyr, L., Lewig, K., & Jack, S. (2014). Factors influencing the uptake of research evidence in child welfare: A synthesis of findings from Australia, Canada and Ireland. *Child Abuse Review, 23*(1), 5–16.

Child Welfare League of America. (2001). *Caseload and Workload Management.* Available from https://www.childwelfare.gov/pubPDFs/case_work _management.pdf

Collins-Camargo, C., McBeath, B., & Ensign, K. (2011). Privatization and performance-based contracting in child welfare: Recent trends and implications for social service administrators. *Administration in Social Work, 35*(5), 494–516.

Day, P., & Peterson, C. (2008). Caseload reduction efforts in selected states. Unpublished manuscript, Casey Family Programs and ICF International.

DeVooght, K., Fletcher, M., Vaughn, B., & Cooper, H. (2012). Federal, state, and local spending to address child abuse and neglect in SFYs 2008 and 2010. Washington, DC: Child Trends. Retrieved March, 18, 2013.

Fang, X., Brown, D. S., Florence, C. S., & Mercy, J. A. (2012). The economic burden of child maltreatment in the United States and implications for prevention. *Child Abuse & Neglect, 36*(2), 156–165.

Fedoravicius, N., McMillen, J. C., Rowe, J. E., Kagotho, N., & Ware, N. C. (2008). Funneling child welfare consumers into and through the mental

50

health system: Assessment, referral, and quality issues. *Social Service Review, 62*(2), 273–290.

Garcia, A. R., Circo, E., DeNard, C., & Hernandez, N. (2015). Barriers and facilitators to delivering mental health practice strategies for youth and families served by the child welfare system. *Children and Youth Services Review, 52,* 110–122.

Garcia, A. R., Palinkas, L. A., Snowden, L., & Landsverk, J. (2013). Looking beneath and in-between the hidden surfaces: A critical review of defining, measuring and contextualizing mental health service disparities in the child welfare system. *Children and Youth Services Review, 35* (10), 1727–1733.

Palinkas, L.A., Fuentes, D., Finno, M., Garcia, A.R., Holloway, I.W., & Chamberlain, P. (2014). Inter-organizational collaboration in the implementation of evidence-based practices among public agencies serving abused and neglected youth. *Administration and Policy in Mental Health and Mental Health Services Research, 41*(1), 74-85.

Self, J. (2014). 40% of SC child-welfare workers bear heavy caseloads. *The Buzz.* Accessed at http://www.thestate.com/news/politics-government/politics-columns-blogs/the-buzz/article13864100.html.

Stiffman, A. R., Pescosolido, B., & Cabassa, L. J. (2004). Building a model to understand youth service access: The gateway provider model. *Mental Health Services Research, 6*(4), 189–198.

U.S. Department of Health and Human Services, Administration for Children and Families, Administration on Children, Youth and Families, Children's Bureau. (2011). *Child Maltreatment 2010.*

———. (2014). *Preliminary Estimates for FY 2013.* 51

第四章
物质滥用、监禁和无家可归

——规划和驾驭相互关联的风险环境

◎图乔·戈塞

　　监禁、物质滥用和无家可归现象反复出现、相互关联，让住在美国城市里的贫困有色人种处于高危的环境之中。禁毒运动给美国带来了一些不良的纪录，让全美监禁人口的数量不仅占据世界首位，还刷新了历史最高纪录。虽然物质滥用是造成监禁的最大风险因素，但不定期的监禁会带来居无定所并长此以往导致无家可归，而反过来无家可归又会造成进一步的物质滥用和再次犯罪。这些风险因素重重交织、循环往复，为住在美国市中心的贫困有色人种带来了许多障碍。旨在解决这些风险因素的政策和干预却从来没有考虑到这个问题的多重性。事实上，零散的政策往往会在解决某种风险时加剧另一种风险。此外，现有的政府官僚体制阻碍了综合性解决方案的发展，这种综合性的解决方案是一种对整体资源的维护，这样某个部门（如住房部）投资了资源，而只有其他部门（如精神卫生和初级保健部门）才能获益。更加吹毛求疵的批判家强调说，新自由主义的冲击推动了他们所谓的"监狱—工业综合体"（prison-industrial complex），而政策维持了这个循环，通过人们（和资本）反复出狱入狱来刺激相关的市场。最终，个人层面上的服务供给经常忽略结构性因素和束缚社区的相互关联的风险环境。我试图找出物质滥用、无家可归和监禁这三者之间相互作用的模式，以及服务供给和政策在解决这些问题时无功而返的原因。我还利用自己当前的研究及与美国和其他国家的政府在政策上的合作来寻求解决这个问题的多层次的方法——这种方法让街道社区参与进来以提供团体、集体服务和倡导，同时也参与政府的政策制定以寻求全面的政策上的解决方案。

监禁、无家可归和危险行为：研究证据

监禁和无家可归。无家可归和监禁似乎存在双向的关系：过去的监禁史增加了无家可归的风险，而反之亦然[1]。一项研究调查了一所中西部州立医院的出院病人，发现坐牢与随后的无家可归有关[2]。被监禁群体中物质滥用的比例更高，而这也增加了他们在刑满释放后无家可归的风险和对相关服务的需求。以在俄亥俄州（Ohio）的 165 名被监禁女性为例，阿列马

---

① Kushel et al., 2005.

② Belcher et al., 1988.

格诺（Alemagno）发现[1]，在表示需要接受物质滥用治疗服务的女性之中，有81%的人在刑满释放后也需要住房服务，而在不需要物质滥用治疗的女性中这个比例仅为45%。同样，

53 与不需要物质滥用治疗服务的女性相比，那些存在物质滥用问题的女性表示需要医疗和精神卫生服务的比例明显更高。

无家可归和行为风险环境：物质滥用、无家可归和艾滋病毒感染（HIV）风险。埃达拉（Aidala）和他的同事对一名艾滋病感染者的样本进行研究[2]，发现在无家可归者中，使用硬性毒品、共用针头、从事性工作和进行无保护措施的性行为的风险要比有稳定住所的人高出 3～6 倍。居住状况的改变也和感染艾滋病毒的风险因素存在显著的相关关系。稳定的住房能够大幅度地降低人们使用硬性毒品、共用针头、从事性工作和进行无保护性行为的风险。同样，一项对静脉注射吸毒的非裔美国男性的调查发现，在无家可归的人里，共用针头、拥有多名性伴侣和进行无保护性行为的概率是拥有稳定住所的参与者的两倍多[3]。德斯·杰拉莱斯（Des Jarlais）、布雷恩（Braine）和弗里德曼（Friedmann）对一项全美注射器交换项目（syringe exchange program）进行研究[4]，发现平均而言，居无定所的参与者声称继续进行高风险的共用注射器行为的概率是拥有稳定住所的参与者的两倍以上。塞西（Sethi）和他的同事们

---

①　Alemagno，2001.

②　Aidala et al.，2005.

③　Salazar et al.，2005.

④　Des Jarlais，Braine，Friedmann，2007.

对注射吸毒者样本中感染艾滋病的风险进行实验研究①，发现不稳定住房明显增加了共用针头和从事性工作的风险。

暴力、无家可归和危险行为。根据学者的记录，无家可归的女性容易受到高强度的身体暴力和性暴力②，特别是那些有监禁史的女性③。露宿街头和住在收容所里的女性更容易遭受暴力，甚至对这些无家可归的女性来说，性侵犯几乎是家常便饭了④。研究也发现，这些无家可归的女性经历的性创伤和创伤后应激障碍（post-traumatic stress disorder）会导致高度的冲动、危险性物质滥用和高危性行为⑤。这些研究表明，无家可归为人们营造了一种不安全的环境，并由此引发了物质滥用、共用针头、非自愿和暴力的性接触，以及参与不安全性行为等不良后果。

54

住房和卫生保健服务的使用。学者发现，无家可归和居无定所的人不太可能接受医疗护理⑥。一项全国性的研究调查了卫生保健服务的使用情况，发现无家可归极大地降低了人们接受医疗护理和合适的艾滋病治疗的可能性⑦。利弗（Leaver）等人研究了住房与卫生服务使用之间的关系⑧，发现无家可归

---

① Sethi et al. , 2004.

② Burt, Aron, & Lee, 2001；Henry et al. , 2007.

③ Hudson et al. , 2010.

④ Goodman, Dutton, & Harris, 1995.

⑤ Burt, Aron, & Lee, 2011；Henry et al. , 2007；Aidala, Abramson, & Lee, 2001.

⑥ Aidala et al. , 2001a；Aidala et al. , 2007；Aidala et al. , 2001b.

⑦ Aidala et al. , 2007.

⑧ Leaver et al. , 2007.

者较少接受初级医疗和门诊服务。另外，学者们发现，无家可归者更可能使用诸如急救护理[1]和住院治疗[2]这种更为昂贵的服务。在"住房与健康研究"（Housing and Health Study）中，基德尔（Kidder）和同事们[3]发现，无家可归让参与者通过急诊室服务来满足其基本健康需求的风险增加了几乎一倍。卡尔亨（Culhane）、梅特罗（Metraux）和哈德利（Hadley）研究了一个纽约市的住房项目[4]，发现与无家可归的人相比，拥有稳定住所的人待在收容所和公立医院的平均时间分别缩短了153天和75天。

尽管有大量证据表明无家可归、监禁和危险行为之间存在交叉重叠，但是服务提供体系很少同时应对这些挑战。阻碍我们全面地考虑这些问题及其解决方案的力量，不仅来自政策领域，还来自服务提供体系。

阻碍有效解决方案的因素

来自新政策环境的挑战。《平价医疗法案》重塑了机构以后的运作方式。特别是，在报销的时候私人保险变得更加重要，而现在的机构如果不是为普通民众提供照料的系统中的一部分，那么就不能为某些特定或特殊群体提供服务。虽然

① Arno et al. , 1996.
② Smith et al. , 2000.
③ Kidder et al. , 2007.
④ Culhane, Metraux, Hadley, 2002.

《平价医疗法案》在美国建立全民医保方面迈出了一大步，但该法案的两个部分可能会对我们关注的弱势群体带来有害的、不必要的副作用。首先，在如今由成本效益驱动的、私人保险很强势的新时代里，机构会寻找一些能够削减成本的措施，例如淘汰那些支出最大、需要最高水平医疗服务的客户。这个过程被称为"分层"（creaming），它更容易威胁那些有过无家可归、物质滥用和监禁历史的人，因为他们是频繁使用服务的主力军，而这增加了供应商的成本。

其次，在全民医保的新时代里，这些群体需要的特殊护理也可能被砍掉。从历史的角度来看，对边缘群体的治疗必须从为普通民众提供的服务中分割出来。一般性治疗是由临床医生提供的，他们对这个群体的需求往往并不敏感，因此也很少会去处理服务对象面对的各种错综复杂的心理和社会问题。而事实上，我们往往需要一场社会运动来为这些无家可归、注射吸毒、感染了艾滋病毒、男同、女同、双性恋和变性的案主群体建立一个有效的医疗保障系统。《平价医疗法案》规定服务提供者将不再为某些特定群体的需求提供服务，这样做的假设是：这些被污名化、受到歧视的弱势群体（如有被监禁、物质滥用和无家可归历史的群体）能够在一般性的服务体系里面得到适当的照料。然而，目前没有证据表明，这个体系在过去不能满足这些群体的需求，而现在就能满足了。

资源库的难题。联邦政府、州和市级的政府部门负责监督和我们所讨论的群体有关的卫生服务的各个领域。因此，住房、身心健康、刑事司法、就业和福利这些问题分属于不同的

55

部门，这些部门共同为有无家可归、物质滥用和监禁历史的案主群体提供服务。这些部门理应相互沟通和对话。然而，如果没有明确和全面的策略来将这些部门积极地整合到一起，那么它们往往很难形成合作并提供有效的服务。我们也无法协调预算，因为当某个部门投资资源而另一个部门通过节约成本获益的时候，前一个部门并不能得到任何奖励。例如，有效的精神卫生或安置服务可能会减少被监禁和去医院急诊室就诊的次数，这样能节约最高成本的是刑事司法和卫生部门而不是安置和精神卫生部门。这个群体面临的挑战不仅局限于某些特定的领域，还需要政府机构协调一致地应对这些问题。

服务提供者面临的挑战。虽然政府内部的资源可以互通有无，但服务供应商往往是在孤军作战。虽然治疗物质滥用的机构近年来都在努力将精神卫生治疗纳入他们的服务范畴，但是安置、就业、法律服务，以及对回归社区的支持服务往往没有纳入治疗方案。另外，虽然《平价医疗法案》鼓励创建供应商网络，但是现有的大部分机构之间并没有多少联系。

为这个群体提供服务的最大障碍之一在于难以确保能够长期地接受治疗和维系案主。虽然有无家可归、物质滥用和监禁历史的案主是需要最高水平护理的客户群体，但是这个群体中的治疗覆盖率非常低。如果我们的策略不能解决这些无法获取服务和维系案主的问题，那么针对这些案主的全部干预最终将宣告失败。

上述挑战在治疗领域的多个层面上都有所体现，因此，对此的回应也应该是多层面、多系统的。

明确一个多层面的解决方案

因为风险环境之间的相互关联以及这个群体的特殊需要，针对这些问题的全面应对既要从政策层面入手，还要考虑到服务供应。

政策倡议。在 2011 年由白宫全国艾滋病政策办公室（White House's Office of National AIDS Policy）召开的一次会议上，一个制定全国防治艾滋病战略的委员会承认，这些曾经被监禁、有着无家可归或物质滥用历史的群体之间存在相当大的重叠，这些风险环境相互关联，让这个群体最容易受到这种流行病的影响。作为委员会中的一员，我以讨论中获得的一些建议为基础，制定了一些政策层面的干预方案来满足这个群体的需求。具体来说，我认为存在以下三种需求：（1）在政策制定过程中突出这个群体及其特殊需求；（2）重新调整各个政府部门之间的合作模式来解决这些需求；（3）调整与药品及安置有关的法律政策。

将注意力集中在最弱势的群体上面。政策亟须解决上述的双重威胁，即"分层"现象和特殊照料的消失。虽然这些挑战在服务供给领域一直存在，但是《平价医疗法案》进一步鼓励机构参与其中。卫生政策的制定者们必须明确强调，这些有着无家可归、物质滥用和监禁历史的群体需要获得相关的服务。资助和报销准则必须规定，要对相关机构维系这个群体和满足其需求的状况进行评估。最后，《平价医疗法案》中描述的组织结构的新形式（如创建服务提供者网络）必须包含为这类群体提供服务的专业人员。如果不对这些进行明确的规定而是延续以往的治疗方式，那么面向这个群体的服务终将消失，而这些脆弱的案主将继续被困在"社区－监狱"的恶性循环中。

打破部门的资源库。要对上述相互关联的风险做出有效的应对，需要对政府的各个部门进行重组并重新界定它们之间的关系。作为发展全国性艾滋病防治战略过程的一个组成成分，白宫的全国艾滋病政策办公室在2012年召开会议，强调政府的各个部门之间必须进行合作来满足那些高危群体的需求。作为讨论的一部分，本章的作者协助起草了一项计划，建议成立一个跨部门的委员会来负责推动各部门之间的合作，从而为弱势群体谋求福利。具体而言，该委员会将为制定一项全面战略提供帮助，这项战略将无家可归的吸毒者们纳入卡希拉尔体系，这个体系包括安置、物质滥用、健康和人类服务以及司法等多个政府部门。这项战略的关键之处在于，通过统计各个部门在对该群体进行成功干预时节省的经费份额来激励它们参与。例如，为刑满释放的无家可归人员提供住房会降低去急诊室就诊的费用，而因此节省下来的部分费用将用于奖励安置和刑事司法部门，这样可以抵消他们为无家可归者寻找住房时所投入的资源。

围绕毒品法和住房来实施改革。在美国的监禁人口中，很大一部分人因为和大麻有关的指控而被关押。近年来，市级和州级的倡议大获成功，在美国的很多地区大麻使用已经合法化。然而，虽然法律已经改革了，但以费城为例的城市中的最贫困群体仍因吸食大麻而被逮捕。要缓解我们关注群体面临的风险环境，我们需要向前迈出一大步，也就是需要确保警察和地方法院的法官遵照新的立法秉公执法，这样才能够确保新法的顺利实施。

为无家可归者提供住房属于另一个领域，而该领域的政策近年来也发生了一些改变。过去，大多数情况下吸毒者和精神病患者需要接受治疗和不吸毒才能得到住房。然而，在最新的研究证据的指导之下，涌现出一批安置优先政策，即使那些处于弱势地位的案主继续吸毒或不参与治疗也能够保留住房。例如，为老兵提供住房的项目已经开始实施安置优先政策。然而，就像大麻一样，安置优先原则很容易被反对这项政策的项目主管推翻。作为一项政策倡议，安置优先是一种强有力的手段，可以切断从社区到监狱的恶性循环。正确实施可以确保这个政策工具的可行性。

与服务有关的倡议。2015 年初，针对上述与服务提供有关的挑战，由作者领导的宾夕法尼亚大学社会政策与实践学院成立了一个名为"卡希拉尔社区中心"（Center for Carceral Communities）的机构，让有物质滥用、监禁和无家可归历史的案主参与进来。接下来我会形容一下这个中心的结构和组建过程，并展示一项回应上述阻碍的倡议。

卡希拉尔社区中心的大多数案主刚来时处于失业和无家可归的状态。该中心致力于创建一个一站式的环绕分诊和服务设施，它可以：（1）让案主参与到基于实证的干预措施（即

59

"循证干预")之中来应对那些相互关联的风险；（2）让他们参与机构的决策过程，这样他们就会成为干预过程的所有者；（3）通过创立有效的组织过程和协议模式来推广卡希拉尔社区和服务提供体系中的结构性变化。

参与基于实证的干预来解决风险环境。虽然"循证干预"在实施干预和提供服务的群体里面已经成为一个流行术语，但对大多数机构来说，在现实世界里面开展"循证干预"已被证明是一项巨大的挑战。阻碍实施的因素包括：缺少训练有素的临床人员、提供服务时经常出现各种各样的情境、在按照方案执行时遇到的挑战，而且大多数"循证干预"无法全面地解决案主面临的复杂的风险因素。卡希拉尔社区中心实施的是一项名为"查斯干预"（CHATS intervention，全称为"应对挑战、替代方案、成功和解决方案"）的团体治疗方案，这个方案基于实证并有着严格的个案管理，希望可以借此应对这些挑战。有些治疗模型被证实能有效地改变这个群体的行为，"查斯模式"整合了这些治疗模式的常见组成成分。具体来说，它不仅有团体治疗的部分，还结合了认知行为、动机性访谈和短程焦点治疗的相关技术，旨在改变案主的行为。"查斯模式"的目标非常灵活，能够同时解决诸如精神卫生、物质滥用、就业、法律问题和健康行为等多种问题。这些我们在后面都会介绍到。"查斯模式"是一种结构化的具体方案，它能让案主立刻上手，既能在自己的生活中使用它，还能帮助同伴参与进来。最后，除了"查斯模式"之外，卡希拉尔社区中心还让案主参与到严格的案例管理当中，帮助他们获取资源，这些资源包括安置、就业、法律援助与儿童保育。培训和评估是由宾夕法尼亚大学社会政策与实践学院的学者提供的，这样他们可以参与临床支持、科研和产出成果的整个过程。

案主对治疗过程的所有权。"查斯干预"的目标之一是使认证案主成为方案的共同促进者，这样他们会成为朋辈咨询员并因此获得更多的就业机会。让案主经过认证并最终成为共同促进者是为了让他们成为治疗的所有者而不是始终都是被治疗对象。此外，成为共同促进者能很好地激励他们继续接受治疗。让案主参与到管理会议和决策过程可以增加他们对治疗的主人翁意识。最后，案主会自发地成为卡希拉尔社区中心的"使者"，向各类听众（如法官、机构负责人和社区学院的学生）陈述和他们有关的问题。

倡导系统性的改变。卡希拉尔社区中心的目标之一是创建一个服务提供者的网络，这些服务商为同一个案主群体提供相似的实践服务。该中心与一些有着共同使命的机构紧密合作，目前正在对来自其他机构的工作人员进行"查斯模式"和组织实践方面的培训。纽约市健康和精神卫生部（Department of Health and Mental Health）正在纽约市的各个机构里面试行一种多层面的干预模式，这是它在 2020 年消灭艾滋病倡议的一部分。该倡议的长期目标是建立一个创新过程模式来应对上述挑战并检验它的效果，这样可以在治疗体系中推广这些基于实证的改革。

结　论

在任何治疗体系中，有着监禁、无家可归和物质滥用历史的群体都是最弱势的服务对象。他们的需求是多方面的，需要一个全面的、多层次和多系统的方案来满足他们的需求。本章介绍了这些挑战以及一种可能解决这些问题的方法（见图 1）。对这个群体进行有效地干预将对健康不平等、再入狱率、无家可归、身心健康和医疗保健费用产生重大的影响。我们有必要为这个群体面临的挑战做出有效的应对，而这需要学术界、政界和服务提供机构等多方面力量携手并进、密切合作。

62

63

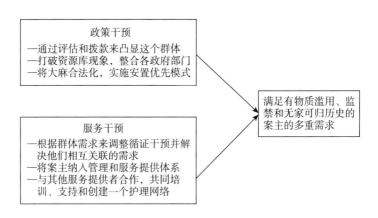

图 1　针对存在物质滥用、监禁和无家可归历史的群体的多层次干预计划

参考文献

Aidala, A., Cross, J. E., Stall, R., Harre, D., & Sumartojo, E. (2005). Housing status and HIV risk behaviors: Implications for prevention and policy. *AIDS and Behavior, 34*, 251–265.

Aidala, A. A., Davis, N., Abramson, D., & Lee, G. (2001). *Housing status and health outcomes among persons living with HIV/AIDS.* New York: Columbia University Press.

Aidala, A. A., Gunjeong, L., Abramson, D., Messeri, P., & Siegler, A. (2007). Housing need, housing assistance and connection to HIV medical care. *AIDS and Behavior, 11*, Supplement 2, S101–S115.

Aidala, A. A., Messeri, P., Abramson, D., & Lee, G. (2001). *Housing and health care among persons living with HIV/AIDS.* New York: Columbia University Press.

Alemagno, S. A. (2001). Women in jail: Is substance abuse treatment enough? *American Journal of Public Health, 91*, 798–800.

Arno, P. S., Bonuck, K. A., Green, J., Fleishman, J., Bennett, C. L., Fahs, M. C., Maffeo, C., & Drucker, E. (1996). The impact of housing status on health care utilization among persons with HIV disease. *Journal of Health Care Poor Underserved, 7*(1), 36–49.

Belcher, J. R. (1988). Are jails replacing the mental health system for the homeless mentally ill? *Community Mental Health Journal, 24*, 185–195.

Burt, M., Aron, L., & Lee, E. (2001). *Helping America's homeless: Emergency shelter or affordable housing?* Washington, DC: Urban Institute Press.

Culhane, D. P., Metraux, S., & Hadley, T. R. (2002). Public service reductions associated with the placement of homeless people with severe mental illness in supportive housing. *Housing Policy Debate, 13*, 107–163.

Des Jarlais, D. C., Braine, N., & Friedmann, P. (2007). Unstable housing as a factor for increased injection risk behavior at US syringe exchange programs. *AIDS & Behavior, 11*, Supplement 2, S78–S84. 63

Goodman, L. A., Dutton, M. A., & Harris, M. (1995). Episodically homeless women with serious mental illness: Prevalence of physical and sexual assault. *American Journal of Orthopsychiatry, 65*(4), 468–478.

Henny, K. D., Kidder, D. P., Stall, R., & Wolitsky, R. J. (2007). Physical and sexual abuse among homeless and unstably housed adults living with HIV:

Prevalence and associated risks. *AIDS & Behavior, 11*, 842–853.

Hudson, A. L., Wright, K., Bhattacharya, D., Sinha, K., Nyamathi, A., et al. (2010). Correlates of adult assault among homeless women. *Journal of Health Care for the Poor and Underserved, 21*(4), 1250–1262.

Kidder, D. P., Wolitski, R. J., Campsmith, M. L., & Nakamura, G. V. (2007). Health status, health care use, medication use, and medication adherence among homeless and housed people living with HIV/AIDS. *American Journal of Public Health, 97*, 2238–2245.

Kushel, M. B., Hahn, J. A., Evans, J. L., Bangsberg, D. R., & Moss, A. R. (2005). Revolving doors: Imprisonment among the homeless and marginally housed population. *American Journal of Public Health, 95*(10), 1747–1752.

Leaver, C., Bargh, G., Dung, J., & Hwang, S. (2007). The effects of housing status on health-related outcomes in people living with HIV: A systematic review of the literature. *AIDS & Behavior, 11*, Supplement 2, 85–100.

Salazar, L. F., Cosby, R. A., Holtgrave, D. R., Head, S., Hadsock, B., Todd, J., et al. (2005). Homelessness and HIV-associated risk behavior among African American men who inject drugs and reside in the urban south of the United States. *AIDS and Behavior, 9*, 266–274.

Sethi, A. K., Celentano, D. D., Gange, S. J., Gallant, J. E., Vlahov, D., & Farzadegan, H. (2004). High-risk behavior and potential transmission of drug-resistant HIV among injection drug users. *Journal of Acquired Immune Deficiency Syndromes, 35*(5), 503–510.

Smith, M. Y., Rapkin, B. D., Winkel, G., Springer, C., Chhabra, R., & Feldman, I. S. (2000). Housing status and health care service utilization among low-income persons with HIV/AIDS. *Journal of General Internal Medicine, 15*(10), 731–738.

64

第五章
寄养之后，去哪里呢？

—— 为什么独立生活是一团糟？

◎约翰娜·格里森
◎艾莉森·汤普森

经历的比较

想象一下，您是一名生活在 20 世纪 60 年代的 20 多岁的普通青年。那么很可能您和您的大多数同龄人在经济上能自给自足，没有和父母住在一起，而是自己和伴侣一起住或是已经结婚了。你们中的很多人可能已经有了自己的孩子。最有可能的是，您没上过大学，但是每年仍然可以赚到差不多 3.1 万美元，这份工资足以维持您的生活。您可能已经决定了自己的职业道路并在一定时间内会继续您的职业规划。您的 10 个朋友里面只有 1 个拥有大学学位，这个朋友每年赚的钱大概只比您多 7000 美元。您和您同龄的朋友差不多都有自己的房子，很少和父母生活在一起。

65　　现在让我们快进 50 年到 21 世纪前 10 年，假设您是这时的一名 20 多岁的普通青年。您可能仍然和父母住在一起，而且经济状况并不乐观。您觉得自己不得不去上大学，因为您知道，如果不上大学就有 1/4 的概率会生活在贫困之中。而实际上，您的同龄人里有 40% 会去上大学，因为拿到学位后他们的收入会比那些没上大学的朋友高出差不多 60%。那些和父母生活在一起的人里有将近一半的人失业。82% 的美国人认为，你们这代人要比父母那一代更难找到工作。尽管您大部分的年轻朋友买不起房，少量有资产的朋友的平均资产总额不超过 3.3 万美元，而 35 岁以上有房的人的平均资产总额则超过 23 万美元。

最后，想象一下您是一名 20 多岁的青年，您在 21 世纪前 10 年离开了寄养机构。您很可能独自生活，尽管在您和您的两个朋友里面至少有一个人在离开寄养机构之后曾经无家可归。您可能有高中文凭但没有大学学位。而事实上，在和您一起离开寄养机构的 20 个人里面，只有 1 人完成了两年或四年的大学课程。也许您正在工作或者曾经工作过，但是您很可能生活在贫困之中，因为您的平均年收入只有 8000 美元。您的那些从未在寄养机构生活过的朋友每小时比您多挣 4 美元。您经历过物质上的困难，如断水、断电或（因欠费）被赶出自己租住的房子，您的朋友中有 1/3 的人会时常忍饥挨饿。您很可能要靠政府的救济（如食品券和现金支持）才能够继续活着。

作为一名离开了寄养机构的青年，您没有任何法定的、永久的家人，您的年龄太大已经无法继续享受寄养机构的服务。您会回想起过去 10 年里您走过的道路，而正是它导致了您当前的处境。您在 12 岁时第一次进入寄养机构，又过了几年，很明显，您不能回到父母身边。您所在县的社会工作人员试图安慰您，说她的职责是帮助您找到一个"永远的家"。随后您经历了 4 个寄养家庭、3 个寄养院、6 所学校和 8 名社工，这时您被告知最好学会"独立生活"。您被这个体系淘汰了。当您到 17 岁的时候，您之前的养父母不想和您生活在一起，而您的寄养院告诉您，您在 18 岁生日之后必须离开。您被告知自己将单独居住在一间公寓里。社工建议您去上一些课来帮助您获得一些成功所需的日常生活技能。这一切对您来说都很陌生，因为寄养院的生活并不能提供常规的生活经历。有人会告诉您起床、用餐和休息的时间以及用餐内容。您从来没有在朋友家过过夜，没有买过课后零食，也没有驾照。您在寄养院时从来没有去杂货店采购过，更不要说为伙食做出预算甚至准备一顿晚餐了。您参加的课程仅仅让您对独立生活有了一个非常模糊的理解。

几乎在一夜之间，您被安置在一个新社区的公寓里面，离开了寥寥几个对您来说非常重要的成年人。他们告诉您，您必须拥有一份工作或是去上学，而为了从事一份最低薪酬的工作，光是到达工作地点（不包括返回）就要花费您一个半小时的时间并转两趟公交车。您还要利用业余时间在当地的一所社区学院修读夜校课程。

3 年很快过去了，这时您已经 21 岁了。家庭法庭的法官告诉您，以后您凡事都只能靠自己。您的年龄已经超过了收容服务的范畴。州政府将不再为您提供租住公寓或上学的费用,尽管您还没有完成自己的学业。在过去的10年里,州政府一直是您法律意义上的父母,但它在您21岁的时候突然停止了所有对您的支持。它没有像多年前承诺的那样,为您找到一个"永远的家"。

想到很多20多岁的青年从父母那里获得的经济支持和特权,再比较下那些对您的期待,您会感到非常愤怒。和从课堂匆匆忙忙赶到工作地点相比,您更希望自己可以住在大学宿舍里,有机会参与有意思的对话,并和同龄人建立联系。这些同龄人尽情享受着"理想"的大学生活,他们正在经历人生中一个令人兴奋的探索阶段,大多数人没有被父母的监控管束,却能得到父母提供和给予的全部好处。他们受到鼓励,不用急着进入成年人的角色,可以慢慢步入成年,这个缓慢的节奏能够帮助他们更好地探索工作、爱情和生活的意义。对他们来说,这个阶段被称为独立探索阶段。但对一名在寄养机构长大的独立的青年来说,您面对的真实情况和他们都不一样。对您来说,这个时期更应该被称为独自求生时期。

为什么独立生活并不奏效呢

作为社会的一分子,我们需要重新思考,为什么每年有1/10的青年被鼓励离开寄养机构开始独立生活。从20世纪60年代开始,时代已经发生了改变。即使我们工作得再积极、再努力,当前的经济状况也让大多数青年不能获得足以养活自己的收入,他们买不起房,在21岁时也养不起一个家。经济、住房和家庭上的独立关系着一个人是否步入了成年期，而如今的青年步入成年期的时间被推迟到了20多岁乃至30多岁。他们越来越依赖家人的支持，差不多有一半离开家的青年最终会在某个时间回归家庭。

如果我们不期望这些拥有家庭的支持和无限机遇的青年在20多岁时能够独立生活的话，那我们怎么能假设那些经历过创伤、虐待、和家人失联、生活不稳定及社会排斥的青年就应该独立生活呢？那些离开寄养机构又不能回到自己家庭的青年会遭遇些什么呢？当他们被迫承担起成人的角色，但还没有准备好独立生活时，会发生什么呢？这些从寄养机构走出来的青年和一般的青年不一样，他们在成年时并不能获得多少外界的支持，他们只能依靠唯一的"支持"体系：刑事司法、福利、低收入住房、精神卫生和行为健康体系。而事实上，据估计，纳税人和社区需要为每名因为成年而离开寄养机构的青年的一生投入30万美元的社会成本。每年，约2.6万名青年因为超过21岁而离开寄养机构，这样总成本就接近80亿美元。为了这些因成年而离开寄养机构的青年，我们必须重新定义独立生活的概念。之前的独立生活根本就不奏效。 68

概念重建

我们呼吁重新定义**独立**生活这个概念，将它定义为**相互依存**的生活。"独立生活"一词通常指的是一个人自给自足、自力更生的能力。相反，我们使用"相互依存的生活"一词来形容一个人需要与他人保持密切的联系，依赖他人来获得支持，同时也为他人的整体幸福感做出贡献。这种支持的形式可能多种多样，通常包括情感支持和指导、信息支持，以及有形的支持（如经济援助、住房支持和物质支持）。就像那些靠着家人的支持缓缓步入 20 多岁的普通青年一样，这些曾在寄养机构生活的青年的生活状况也能得到改善，因为他们会得到强有力的社会支持网络的帮助，这个支持网络包含至少一位尽心尽力地关心他们的成年人，而这些成年人并不是他们的父母。这些支持他们又并非他们父母的成年人有时被称为自然导师（natural mentor），因为他们自然而然地充当导师的角色，而他们之前往往并不带有这个标签。自然导师可能包括教师、宗教领袖、邻居、叔叔、阿姨，甚至是专业的社工和治疗师，他们在青年脱离他们的正式服务之后会继续维持和他们的关系。

越来越多的研究和来自曾在寄养机构生活过的青年的证词都支持将独立生活重新定义为相互依存的生活。这个从直观来看就非常合情合理。回顾一下您的生活。您是否能够辨别出来那些信任您的自然导师？他们是怎样支持您，为您的成就和成功做出贡献的？这种关系往往延续很长时间，帮助我们顺利度过人生的风风雨雨。虽然没有得到法律的认可，但是这种关系也可以成为一种**长期**关系。自然导师也许可以帮助那些生活不稳定的青年，因为他们往往会从一个寄养机构转移到另一个寄养机构，或从一个家搬到另一个家，这时自然导师就可能是他们生活中少有的稳定不变的因素。与自然导师的关系会对那些离开寄养机构的青年的生活产生持久的影响。作家安东尼·费

舍（Antwone Fisher）就是这样的一个例子。作为一名长大后 69
离开寄养机构的青年，他的故事被拍成了一部好莱坞电影，由
丹泽尔·华盛顿（Denzel Washington）主演。在他的书《寻鱼
回忆录》（*Finding Fish*：*A Memoir*）中，费舍描述了他转到一
所新学校的经历，在那里他遇到了一位非常棒的老师，他认为
这位女性是他一生中最关键的一位导师：

在一所全新的学校里，我有了一个新的名字，这让我
有机会重新开始——重新改造自己。这个全新的我有很大
一部分源于一个被称为普罗菲太太（Mrs. Profit）的女人，
她是一位能够真正地、最好地诠释"老师"一词的人。
如果我们的生命中真的存在像天使一样的人的话，那么对
我而言，她就是布伦达·普罗菲（Brenda Profit）……对
我来说，布伦达·普罗菲不仅是一位老师；事实上，她是
我所知道的最像母亲的女性……就像我还没有祈祷就能得
到回应一样，普罗菲太太开始解决我在学校中遇到的许多
问题。在健康课上，她不仅抽出一部分时间详细解释了婴
儿从哪里来这样的问题，还教会了我很多生活上的事情，
例如怎样洗澡和打理自己。她说的这些事情都和我有直接
的关系，这也让我更加关注那些还很陌生的事物……白
天，和普罗菲太太及学校里的其他家人共处的生活给我提
供了喘息的余地。①

---

① Fisher, 2001, pp. 123-33.

展望未来：一项有发展前景的实践

虽然自然的师徒关系自发地存在于青年的社交网络当中，但是一些项目仍然可能帮到他们。这些项目在很多方面都可能有用。例如，一些青年可能需要在自己的社交网络中发现潜在的自然导师。青年有时候会说，他们的生活中并没有支持自己的成年人，但他们可能只是需要一些帮助来确认和接近潜在的支持自己的成年人。有些青年可能已经找到了自然导师，但仍能从这种项目中获益。这样的项目可以帮助这对师徒，明确他们对脱离寄养机构之后的这段关系的期待，或是在爆发前处理潜在的冲突。而事实上，最新的《青年指导手册》（*Handbook on Youth Mentoring*）承认，自然导师能在青年离开寄养机构之后为他们提供潜在的支持，并建议儿童福利机构有组织地将自然导师聚集起来，邀请他们参与为即将成年而离开寄养机构的青年而制定的生活变迁计划。"有爱的成年人随处可见"（Caring Adults 'R' Everywhere，C. A. R. E. ）就符合这项建议，它是一种新颖的、基于儿童福利的自然导师干预方法，旨在鼓励即将离开寄养机构的年龄较大的青年相互依赖。

C. A. R. E. 由宾夕法尼亚大学的约翰娜·格里森博士开发，是一项持续12周的、带指导手册的干预项目。它的目的是推动处于寄养机构的、年龄较大的青年和他们的自然导师之间建立长久的关系，C. A. R. E. 源自理论并得到了实证支持。在干预开始前，一名硕士水平的、训练有素的干预者会帮助青年进行自我选择，确认哪些成年人可能成为他们的自然导师。一旦确认、筛查和认可这些成人，就会对他们进行和创伤有关的自然导师培训。这些培训提供的信息有：青年个体发展、创伤对发展的影响、指导的有效策略，以及导师的自我保健。在干预的核心阶段，干预者会每周与青年和其自然导师进行会面并帮助他们发展这段关系。每周，这对师徒会有意识地呆在社区里，在更自然的情境下发展他们的生活技能。例如，青年和他们的自然导师会共同列一个购物清单并做出预算、一起去购物，准备饭菜、共享美食并聊天，而不是在课堂上学习如何做饭。干预者还安排了一些大型的团体活动，为这些青年和他们的自然导师搭建一个支持网络。在整个干预过程中，这些师徒都会通过视频来记录这段关系的发展状况；在干预结束后的正式聚会上，干预者会展示这些视频并进行庆祝。在完成了 12 周的干预后，干预者会根据需要提供强化培训或事后护理。现在，我们正在和费城的人类服务部（Department of Human Services）合作对 C. A. R. E. 项目进行测试。 71

　　像 C. A. R. E. 这样，帮助离开寄养机构的大龄青年建立相互依赖的项目相当罕见。可悲的是，研究表明，帮助成年后离开寄养机构的青年进行独立生活的项目，并不能有效地为这些青年离开寄养机构之后的生活做好准备，但这类项目在实践中仍然处于主导地位。最新研究也表明，独立生活项目并不能在青年脱离收容体系之后提高他们的社会支持水平。然而，在过去的 30 年里，联邦政府一直都在资助这些项目。自 2002 年以来，每次国会会议都试图通过一项《收容指导法案》（*Foster*

Care Mentoring Act）但未能成功，该法案将联邦政府的资金用于寄养机构青年的导师计划。我们需要新的联邦立法来强制用相互依存生活服务（如 C. A. R. E. 这种针对高风险青年群体的自然导师干预项目）来替代独立生活服务。我们需要重新思考，如何帮助这些青年与关心、支持他们的成人之间建立相互依存的关系，为他们提供更好的服务，而不是把钱白白地投入无效的服务中。

这种相互依存的政策和实践代表了一种偏离传统模式的转变，传统模式侧重通过发展个体技能来推动自给自足，而不是通过加强青年的社会关系网络。我们敦促您加入我们的行列，将大龄青年因成年而离开寄养机构之后的独立生活重新定义为相互依存。让我们不再期望青年能够**独立**生存，而是开始帮助他们在**相互依存**中茁壮成长。

参考文献

Arnett, J. J. (2014). *Emerging adulthood: The winding road from the late teens through the twenties*. New York: Oxford University Press.

Britner, P. A., Randall, K. G., & Ahrens, K. R. (2013). Youth in foster care. In D. L. DuBois & M. J. Karcher (Eds.), *The handbook of youth mentoring*, pp. 341-54. Thousand Oaks, CA: Sage.

Courtney, M. E., Zinn, A., Johnson, H., & Malm, K. E. (2011). *Evaluation of the Massachusetts adolescent outreach program for youths in intensive foster care: Final report (Vol. 14)*; OPRE Report 2011-2014.

Courtney, M. E., Zinn, A., Koralek, R. & Bess, R. J. (2011). *Evaluation of the independent living—Employment services program, Kern County, California: Final report*; OPRE report, 2011–2013.

72

Foster Care Independent Act of 1999, Pub. L. No. 106-169, § 101, 113 Stat. 1824.

Greeson, J. K. P. (2013). Foster youth and the transition to adulthood: The theoretical and conceptual basis for natural mentoring. *Emerging Adulthood, 1*(1), 40–51.

Greeson, J. K. P., Garcia, A. R., Kim, M., & Courtney, M. E. (2014). Foster youth and social support: The first RCT of independent living services. *Research on Social Work Practice.*

Jim Casey Youth Opportunities Initiative (2012). *Cost avoidance: The business case for investing in youth aging out foster care.*

Propp, J., Ortega, D., & NewHeart, F. (2003). Independence or interdependence: Rethinking the transition from ward of the court to adulthood. *Families in Society, 84*(2), 259–266.

Data for vignettes taken from the following:

Pew Research Center, Social & Demographic Trends. (2013a). "A rising share of young adults live in their parents' home." Washington, DC: Pew Research Center.

——. (2013b). "Young adults after the recession: Fewer homes, fewer cars, less debt." Washington, DC: Pew Research Center.

——. (2014a). "Median annual earnings of 25–32 year olds, by educational attainment." Washington, DC: Pew Research Center.

——. (2014b). "The rising cost of not going to college." Washington, DC: Pew Research Center.

73

第六章
城市中"食品荒漠"的现状以及
低收入食品购买者的需求

◎艾米·希利尔

◎本杰明·克林格

> 您知道吗？当我搬到这里的时候，他们告诉我切斯特
> （Chester）没有超市。我说："您在跟我开玩笑吧，切斯
> 特竟然没有超市？"
>
> ——宾夕法尼亚州切斯特市居民

位于宾夕法尼亚州的切斯特市，坐落着一个相对来说比较新的赌场和一个职业足球场，这两个场所在建立时都获得了公共补贴，但是这座城市却没有一家超市。严重的食品短缺让这座位于宾夕法尼亚州费城市外的城市臭名昭著，被认为是全美第二"饥饿"（食品匮乏）的选区。

　　许多居民还记得，曾经繁华的切斯特市拥有多家超市和社区杂货店，里面堆满了新鲜的食物。然而，非工业化对切斯特和其他曾经繁华的城市来说都是一样的残酷。1950～1990年，切斯特失去了将近一半的人口，几乎所有的白种居民都搬去了郊区或美国的其他地区。随着工业的没落、工作机会的减少和人口的流失，超市也在消逝。全市最后一家超市在2001年关闭，这让该市的3.8万名居民只能去街头小店、城里的小杂货店或是郊区的连锁超市购买商品。　74

　　切斯特的低收入居民这样形容在这种环境下购买新鲜食物的现状："我感到很难过，我们在切斯特买不到任何新鲜食物，街头小店里根本没有新鲜食物，所有的食品都是罐装的。如果我想买点西兰花的话，那就只能去（郊区的超市）了。这简直是疯了！""街头小店里除了香蕉和土豆之外就没有别的了。一直只有香蕉和土豆的话你怎么办？"

　　当地居民还表示，他们对当地商店里卖的食物的质量并不抱太高的期待。一位居民在切斯特的一家连锁一元店里采购，他这么形容售价一美元的两磅重奶酪："便宜而且已经过期。我试着做一份烤奶酪，但它已经变质了。"其他人在讨论去郊区超市的麻烦之处时表示，他们只能依靠搭乘朋友和亲戚的便车或乘坐非常有限的公共交通工具前往郊区超市。依靠他人意味着必须等待，而且不得不去对他人来说最为便利的地方购物，这让他们无法掌控自己最基本的生活。那些搭乘公共汽车前往郊区超市的人说，他们要花45分钟到1个小时才能到达超市。"这真的是一场战斗。"一位居民这么说道。

采购新鲜食物的"征途"只是切斯特低收入家庭面临的营养挑战中的一项。即使有着营养意识，切斯特居民也要为了自己的健康而经历一场漫长而艰难的"战斗"。即使居民能够前往郊区超市购买健康食物，这些食物的价格也可能高得令人望而却步。"我总在电视上看到它，《奥兹医生秀》（*Dr. Oz*）这些人，"一位女性这样说道，"他们总是说，'您只需要买一杯鳄梨，然后这个、那个'。但是我们根本就买不起！如果我们不能用低价或在食品银行（food bank）里买到健康的食物，那么我们究竟……怎样才能保持健康呢？"

费城的故事更加广为人知，而它和切斯特非常相似。切斯特和费城这两座城市是一个基地，我们在这里和食品零售商及食品援助项目的管理者密切合作，共同研究和食物购买及健康食品获取有关的问题。我们了解到的大部分内容来自低收入的食品购买者，通过问卷调查、焦点小组、在他们的家中和购物的食品店里进行深度访谈等方法来倾听他们的声音。在这一章里，我们回顾了从一系列的独立研究中获得的经验和教训，这些研究的背景是更为广泛的、围绕着被称为"食品荒漠"（food deserts）问题而展开的政策和研究讨论。

对"食品荒漠"的迷恋

20世纪90年代，英国的研究者和公职人员开始将很难接触到超市的地区形容为"食品荒漠"，而美国在10年后也开始关注这个问题。早期的研究关注的是缺乏食品供给的社区与饮食相关疾病（如肥胖、糖尿病和高血压）的高发病率之间的联系。这种研究的一个解释是，如果人们无法获取健康食物，那么他们的饮食可能更不健康。从《纽约时报》、美国国立卫生研究院（National Institutes of Health）到白宫，这些机构都非常关注"食品荒漠"这个概念，认为必须对它进行全国性的干预。

随着"食品荒漠"这个概念进入大众的视线，一系列跨学科研究让我们对食物获取和健康结果之间关系的假设变得更为错综复杂。然而，"食品荒漠"一词本身就能产生不少影响。它让人们开始注意到，在获取健康而廉价的食物（特别是农产品）方面存在巨大的、明显的种族和经济上的不平等。它与各种利益相关群体产生了共鸣，它们联合起来试图在某些社区中引进新超市。最后，它可以为全美的服务欠发达地区（包括城市、郊区和农村）吸引数亿美元的发展基金。

尽管"食品荒漠"这个概念非常有用，但是它也有明显的缺点。首先，作为一个空间概念，它并不能概括人们实际的购物方式。而事实上，从商店到家的距离只是购买食品杂货时需要考虑的因素之一。其次，这个概念关注的是缺陷，这意味着它关注的是一个社区缺少什么而不是拥有什么资源。"食品荒漠"中可能存在一些其他的食物生产和分销渠道，如社区花园，但是它经常被忽视，因为"食品荒漠"这个术语关注的是传统的零售商。最后，这个概念似乎在暗示一个具体的解决方案：建一个超市。这不仅掩盖了在低收入社区中发展大型零售商的困难，还忽视了穷人购物时面临的一些更基本的困

76

境。我们假设说，如果社区居民有更多的钱来购买食物，那么零售商们就会更愿意将超市开在他们家附近，这样就能自发地消灭"食品荒漠"。即便如此，超市的开张和关闭都取决于当地、地区和国际的趋势。因此，开一家新店并不能保证可以长久解决"食品荒漠"这个问题。

我们在切斯特和费城学到的很多东西都违背了"食品荒漠"概念中对购买食物的普遍假设，也背离了对低收入地区"食品荒漠"的常见刻板印象。

我们对低收入社区食物购买和食品环境的了解

1. 大多数人甚至低收入者主要都在超市购买食物。我们发现，在费城不论是什么种族、收入水平还是社区都是如此。在北费城的非裔美国人和波多黎各人中，90%参与"妇幼营养补助计划"（Special Supplemental Nutrition Program for Women, Infants, and Children, WIC）的妇女主要都在超市购物。在西费城，95%的人主要在超市采购，他们主要是中低收入的非裔美国妇女，但也包括非裔美国男性和中高收入的白人。很少切斯特居民有车，但他们又只能跑到郊区才有超市。据报道，96%的人选择超市作为他们主要的食物采购点。这些数据符合全国趋势：据美国农业部（U. S. Department of Agriculture）报道，89%的家庭，无论收入怎样，都会将超市或购物中心作为他们主要的食物采购点。

2. 即使在"食品荒漠"里，人们也不经常在街头小店或便利店里购买食物。这一现状基于上述的第一点，但值得我们的特殊关注。许多围绕"食品荒漠"展开的热门讨论都有一个假设，即认为人们完全或主要依赖当地的街头小店或连锁便利店来获取食物。然而，研究人员区分了在家里吃的食物（包括面包和牛奶等主食）以及在外面吃的食物（如零食、饮料和在外面餐馆用餐等）。在有些社区里，人们在外面吃的食物可能大部分来自街头小店，但他们不怎么在这里购买在家里吃的食物。

3. 大多数人不会在离他们最近的食品店或超市里购物。低收入的食物购买者不仅很少在街头小店或便利店里购买食物，还总是跳过离家最近的超市而选择去更远的超市。从我们研究总体来看，被调查对象常去采购的超市要比最近的超市远1.6千米以上。即使我们在服务欠发达地区新开一家超市来解决"食品荒漠"问题，这种情况也可能出现。人们以前总认为，开一家超市就能解决"食品荒漠"问题，因此这一点非常重要。

因为各种原因，我们不能保证人们会在新超市购物：这可能是因为另一家超市更方便，人们认为它的价格或选择比其他超市更好，而且人们是一种习惯性动物，更愿意延续自己以往的购物模式。我们对切斯特进行研究，发现70%的被调查对象至少去过一次新开的购物广场（Fare & Square）采购，而40%的人在它开张的第一年内至少去过4次。从家到这家店的距离对他们去该店购物频率的影响最大，但并不是每个住在费用广场附近的人都在这里买过东西，也不是在这里买过东西的人都住在附近。它的影响因素包括对某个特定商店的忠诚度、对低廉价格的追求，或选择的文化适应性。人们的选择有时还会受到便利程度的影响，从广义上来说，也就是它是否靠近人们因为工作、宗教集会或走访亲戚而常去的其他场所，而不仅仅是离家的远近。

4. 并非所有的超市都一模一样。食品环境里出现了越来越多传统超市的变种。有限品种超市提供的商品比较有限，而且因为需要的零售空间较小而往往价格更低，如乔氏（Trader Joe's）和奥乐齐（Aldi）等超市。深度折扣店面向那些精打细算的购物者，如省钱（Save-a-Lot）、少食（Food 4 Less）和实惠（Price Rite）等超市。其他更常见的零售店开了一些卖杂货的小商店，它们在2000年之后回到城市中心，并迫使食品零售行业重新估算如何在有限空间内实现销售的最大化，如塔吉特（Target）和沃尔玛（WalMart）等超市。行业观察人士已经着眼于更广泛的社会趋势，即越来越多的人开始意识到便捷和健康的重要性，期望像零售商在拥挤的市场里面寻找自己的定位那样，杂货店的食品架也能体现出这种变化。而诸如杂货的快递服务和网上购物这样的颠覆性技术将改变实体食品零售的面貌。因此，我们设想中现代超市的定义和选址都必然会发生改变。这些购物受限的人如何应对这些变化还有待观察。

5. 大部分人在多家食品店里购物。也许是因为不同的超市在商品选择和定价方面的差异，低收入购物者会去多家食品店进行采购，其中包括肉类商店、农产品商店、农贸市场和其他专业零售商。在切斯特,我们的研究对象平均每个月至少要去4家超市采购。

6. 大多数人开车或搭便车去购买食物。在西费城,70%的被调查对象开车或搭乘朋友或亲戚的便车。虽然费城的公共交通系统覆盖面很大,但只有11%的人乘坐公共交通工具。另外16%的人步行,而骑自行车的人不到2%。虽然切斯特的受访者中有汽车的比例很低,但开车或搭便车去食品店的人要比坐公交车的人多一倍。另外13%的人走路,1%的人骑自行车。他们选择开车或搭便车去食品店(或至少进行大采购)很大程度是因为他们很难或无法携带大袋的杂物上下公共汽车、电车或火车。对少数靠着公共交通购买食物的人来说,离 79 公交车站的远近是他们选择超市时主要的考虑因素。

7. 人们在不同类型的商店购买不同种类的食物。在西费城,接近一半的被调查对象表示,他们会在农贸市场、农产品商店、路边的蔬果卡车里购买农产品。切斯特很少有这样的农产品销售地点,人们主要去的特色食品店是肉店。批发商和大卖场提供的食品是别的种类的,去这些地方购物是对传统超市里采购食品的补充而非替代。这个事实不太起眼,直到我们考虑到它对健康可能造成的影响。我们需要进一步的研究来了解与提供全方位服务的超市相比,在有限品种超市和深度折扣店购物对健康的影响。

8. 食品的安全性、商店的整洁度和客服质量真的很重要。低收入购物者希望可以享有中高收入购物者期望的同等待遇:没有过期的新鲜产品,商店外观整洁、空气清新,员工乐于助人、令人愉快、做事高效。在当地商店购物的经验让切斯特和费城的低收入购物者明白，他们不能指望在街头小店、小杂货店和深度折扣店里获得和郊区的全方位服务超市相同的购物体验。

9. 购物场所存在种族和经济水平分层。食品购买加剧了我们社会的经济和种族分化。很多人在选择食品商店时主要考虑的是价格因素；深度折扣店也许不能提供最棒的购物体验，但是那里的食物一般都比较便宜。我们研究了一群住在北费城并参与了妇幼营养补助计划的母亲，发现其中超过半数的妈妈都主要在折扣连锁超市或当地的连锁超市里采购食物，而很少选择全国性的连锁超市。另外，中高收入家庭更可能选择一些像全食超市（Whole Foods）这样的高端超市，这个概率要比我们从西费城的研究里发现的高出 10 倍。但是，收入只能部分解释这个自我选择过程。在我们的调查中，黑人在打折超市购物的可能性差不多是白人的 3 倍，而没有大学学位的参与者在打折超市购物的可能性是有大学学位参与者的 3 倍多。

10. 在贫困社区的小食品店里，烟草和含糖饮料的户外广告随处可见。和食品商店有关的健康问题不只局限于它们销售的食品。许多出售食品的商店也出售烟草，而且包括街头小店和连锁便利店在内的商店也更可能在室内外张贴烟草广告。如果没有（现在已经被禁止了）烟草的广告牌，那么街头小店就是新的烟草广告牌，这些小店贴满了海报大小的广告单，这在低收入社区中尤为常见。在一个全费城的研究中，我们发现与那些不接受相关福利的商店相比，接受补充营养援助计划（Supplemental Nutrition Assistance Program，SNAP）和妇幼营养补助计划福利的商店更可能在室内外张贴烟草广告。出售和宣传烟草的商店主要集中在低收入社区。而烟草的易得性和烟草广告的盛行状况都和吸烟率有关。

政策方面的考量

从政策角度思考"食品荒漠"模式，会认为在服务欠发达地区开设新超市可以改善与营养有关的健康不平等现象。然而，新超市带来的变化并不能从根本上改变食品的价格，也不能改变食物花销和住房费用之间的微妙平衡。低收入家庭也许可以节省少量用于食品采购的花销，因为他们可以省一笔交通费，并且可以用比小型杂货店更低的价格购买到食物。但是食物的价格，特别是与不健康食物（如含糖饮料和加工食品）相比，那些更为健康的食物（如农产品、瘦肉和全麦食品）的价格并不会改变。而实际上，对许多低收入家庭来说，他们更难承担食物的花费。在过去的两年里，全国参与补充营养援助计划的家庭获得的补助一共减少了860万美元。我们在补充营养援助计划发放的补助减少后不久采访了一些切斯特的居民，和其他州相比，宾夕法尼亚州的补助没有减少太多。家长们说，他们用了很多手段来应对补助的减少，包括更加依赖食品柜（29.9%）、更加依赖家人和朋友（15.6%）、改变购买食物的类型（13.0%），以及减少成年人

81

（10.1%）和儿童（6.5%）的食物分量。而这些行为改变已经发生在存在食品短缺问题的家庭样本之中了，这些家庭占比高达85.5%。

即使在最好的情况下，我们也很难想象，在没有额外的健康促进干预和提高补充营养援助计划福利的情况下，研究人员是否能够观察到住在新超市附近的人们肥胖率的降低。投资新鲜的食品既不是灵丹妙药，也不是一无是处，而是介于两者之间，城市中"食品荒漠"的现状——无论是拥有新超市之前还是之后——需要彻底改变我们期待的公共补贴倡议，这样才能帮助他们更好地获取健康食品并减少健康不平等现象。

要获得成功，旨在解决"食品荒漠"问题的地方、州级和联邦政策必须认识到以下几点。

1. 人类的健康行为复杂而且不易改变。即便是拥有充足资源的个体也很难改变和维持健康行为。这一点似乎显而易见，但是，如果公共政策在制定时考虑到了这一点，那么人们对健康行为改变的期望将会更加现实。

2. 超市或缺少超市只是问题的一部分。美国的食品环境助长了暴饮暴食。这些食品环境包括餐馆、各种规模和种类的食品店、户外广告和其他媒体。超市只是这个食品环境中的一部分。如果能够和与更广泛的食品环境有关的政策共同起作用，那么支持建立新超市的政策将对健康产生更好的影响。

3. 所有人都应该能够为自己和家庭做出选择。低收入家庭希望享有中高收入家庭拥有的东西，即选择权。政策限制了人们使用福利（如补充营养援助计划和妇幼营养补助计划等）的场所或能够购买的食品，这样否定了人们的主观能动性以及对生活中重要决定的控制力。对政府来说，更为恰当的角色是确保食品安全，负责监管食品标签，并允许人们做出安全和健康的决定。美国农业部应该继续反对那些限制补充营养援助计划和妇幼营养补助计划的呼吁。

4. 需要通过研究来理解什么方法有效。 人们在制定政策时并不能总是等着出现确切的证据来证明它的积极效果，因而评估研究非常关键，它让我们有机会倾听低收入家庭的心声。我们应该优先考虑那些能够揭示食物环境、健康行为和健康结果之间因果机制的研究。

5. 政府应该对人和地域进行投资。 如果因为和人有关资源的减少而让居民无法使用新超市，那么像新超市这种以地域为基础的新资源并不能产生任何效果。如果联邦政府在加大对全国生鲜食品资助倡议（Fresh Food Finance Initiative）资助力度的同时缩减补充营养援助计划的福利，那么这种做法将毫无意义。在实践时，像补充营养援助计划这种以人为基础的项目可以产生明显的地域效应。

6. 所有社区都应该有一个超市。 正如城市居民都希望拥有清新的空气、干净的水、优质的公立学校、安全的公园，以及维护良好的人行道那样，他们也应该期望拥有一个离家不远（如 1.6 千米以内）的超市。地方、州级和联邦政府应该在私人投资匮乏的地区协助融资。这和开发商为新的酒店或体育场寻找补贴并没有什么差别。

7. 政府需要为低收入家庭购买健康食品提供补贴。资助超市发展是一部分，但还需要为购买健康食品提供一些直接的补贴。例如，有些试点项目会在补充营养援助计划的参与者购买农产品时提供一些奖励，这样可以抵消一些因为长期补贴玉米和大豆等食品而造成的增肥食品价格低廉的效果。

8. 我们需要获得超市行业的支持。有些政府规定已经为广告、店内营销和营养标签设立了标准，但是政府很难管到最终的商品陈列和店内销售。我们需要更多的零售商，比如杰夫·布朗（Jeff Brown）和菲拉邦丹丝（Philabundance），前者是费城几家绍普莱特（ShopRite）商店的老板和生鲜食品融资的代表人物，后者是切斯特费用广场商店的运营商，其承诺在获利之余还会为低收入社区提供服务。像沃尔玛和全食这样的全国性超市对提高低收入社区获取更多健康食品的可能性这方面表现出了一些兴趣，但是真正的改变还需要广大零售商的长期投入。

9. 我们需要来自食品行业的支持。不管我们的超市盟友有多激进，他们仍需要食品制造商来填满他们的货架。尤其是，我们需要饮料行业及谷物和薯片制造商的支持来开发和销售既营养又美味的食品。

10. 食物是更广泛的需求和兴趣的一部分。城市和低收入社区需要协调一致的城市政策来解决集中贫困问题。如果不能将它与基本生活费、廉价住房和全民高质教育这些政策结合起来的话，那么我们不可能理解也不可能完全消灭"食品荒漠"。食物获取是日常生活和健康的基础。

除了营养和慢性疾病问题，我们获取食物的方式也和我们作为消费者、作为维持家庭生计者这种更广泛的身份认同感以及对自己社区的自豪感有关。正如切斯特和费城居民给我们的启示，食物购买和饮食已经融入了我们生活的其他各个方面——社会、文化和经济方面。不只是投资新超市那么简单，我们更需要全面地思考健康和福祉问题，以应对作为"食品荒漠"现象的一部分而引起极大关注的那些挑战。

我们的研究资金来自罗伯特·伍德·约翰逊基金会（Robert Wood Johnson Foundation）①、美国农业部②、罗伯特·伍德·约翰逊基金会健康与社会学者研究和教育基金（Health & Society Scholars Research and Education Fund）、公共卫生倡议中心（Center for Public Health Initiatives），以及国家科学基金会（National Science Foundation）研究生科研奖学金。非常感谢那些和我们在食品获取研究里共事过的众多同事。除了在以下出版物中列出的合著者之外，我们还要感谢史瑞奇·库曼尼卡（Shiriki Kumanyika）、拉提法·格里芬（Latifah Griffin）、奥古斯特·达奇尔（Auguste Dutcher）、凯特琳·格拉维特（Kaitlin Gravitt）、尼科尔·托马斯（Nicole Thomas）、伊丽莎白·沃尔（Elizabeth Wall）和众多的学生和社区研究助理，他们都为我们了解这个话题做出了贡献。

84

---

① Healthy Eating Research 66953.

② 2010 – 85215 – 20659 USDIAFRI.

参考文献

Brinkley C., Chrisinger B., & Hillier A. (2013). Tradition of healthy food access in low-income neighborhoods: Price and variety of curbside produce vending compared to conventional retailers. *Journal of Agriculture, Food Systems, and Community Development, 4*(1), 155–70.

Cannuscio, C. C., Hillier, A., Karpyn, A., & Glanz, K. (2014). The social dynamics of food shopping in an urban environment. *Social Science Medicine, 122*, 13–20.

Cannuscio, C. C., Tappe, K., Hillier, A., Buttenheim, A. M., Karpyn, A., & Glanz, K. (2013). Urban food environments and residents' shopping behaviors. *American Journal of Preventive Medicine, 45*(5), 606–614.

Chrisinger, B. W. (2015). Reconsidering the Supplemental Nutrition Assistance Program as community development. *Journal of Nutrition Education and Behavior, 47*(3), 273–277.

Giang T., Karpyn A., Laurison H., Hillier A., & Perry, R. D. (2008). Pennsylvania's Fresh Food

Financing Initiative. *Journal of Public Health Management and Practice, 14*(3), 272–279.

Hillier, A., Cannuscio, C., Karpyn, A., McLaughlin, J., Chilton, M., & Glanz, K. (2011). How far do low-income parents travel to shop for food? Empirical evidence from two urban neighborhoods. *Urban Geography, 32*(5), 712–729.

Hillier, A., Chilton, M., Zhao, Q., Szymkowiak, D., Coffman, R., & Mallya, G. (2015). Concentration of tobacco advertisements at SNAP and WIC Stores. *Preventing Chronic Disease, 12*, E15.

Hillier, A., McLaughlin, J., Cannuscio, C. C., Chilton, M., Krasny, S., & Karpyn, A. (2012). The impact of WIC food package changes on access to healthful foods in two low-income urban neighborhoods. *Journal of Nutrition Education and Behavior, 44*(3), 210–216.

Hillier, A., Smith, T. E., Cannuscio, C. C., Karpyn, A., & Glanz, K. (2015). A discrete choice approach to modeling food shopping behavior. *Environment and Planning B, 42*(2), 263–278.

Hirsch, J., & Hillier, A. (2013). Exploring the role of the food environment on food shopping patterns in Philadelphia, PA, USA: A semiquantitative

85

comparison of two matched neighborhood groups. *International Journal of Environmental Research and Public Health, 10*(1), 295–313.

Karpyn, A., Tappe, K., Hillier, A., Cannuscio, C. C., Koprak J., & Glanz, K. (2014). Where urban residents shop for produce: Fruit and vegetable food shopping patterns and use of farmers' markets among low- to moderate-income households. *Journal of Agriculture, Food Systems and Community Development, 4*(4), 129–141.

Ulrich, V., Hillier, A., & DiSantis, K. I. (2015). The impact of a new nonprofit supermarket within an urban food desert on household food shopping. *Medical Research Archives,* 3.　　　　　　　　　　　　　　　　86

第七章
您做什么工作？

——有关美国"工作"概念转换的思考

◎罗伯塔·雷赫纳·艾弗森

想想您在大会、聚会或非正式会议上有过多少次这样的交谈：

"您好，我是鲍比·艾弗森（Robbie Iversen）。"

"很高兴认识你，我是杰米娅·爱克斯（Jamia X）。"

接下来可能会有几句更加礼貌的交谈。然后就会出现一个无法避免的问题："您做什么工作？"

您有多少次被问到这个问题？有多少次您问过别人同样的问题？我相信，这种情况一定非常常见。

在美国，您的工作、事业或就业几乎决定了您在大部分人眼里的形象。人们认为，一份正当的、可以获得收入的工作有别于育儿、照料家人、志愿者服务或从事艺术及政治活动等工作，而且前者比后者更有价值，也被称为有偿工作、带薪工作或劳动力市场里面的工作。虽然后面提到的那些工作对民间社会来说也非常重要，但是毫无疑问，在劳动力市场里面从事有酬工作几乎是所有人的目标。不管这份工作的收入是时薪制还是年薪制，这个目标都是被学者们称为"工作社会"或"工作中心社会"的核心。

87

那么问题在哪里？将您的身份和工作联系在一起特别是我们被鼓励以我们的谋生手段为荣或从中寻找生命意义的时候，会出现怎样的问题？这个问题在于，"工作社会"过分强调劳动力市场里的工作，而这会给劳动者和社区带来一些不好的问题。

过分强调工作不利于劳动者

过分强调劳动力市场里面的工作带来的一个问题是：生命周期短的工作正在取代终生性工作。与之有关，来自客服业、零售业和快餐服务业的低收入岗位正在大规模取代制造业和建筑业中的高收入岗位。特别是对那些收入低而且没有什么技能的劳动者来说，服务性工作基本上没有什么上升空间。最近的经济大萧条（Great Recession）形象而生动地向我们展示：过多劳动者在从事不稳定的临时工作或是根本就没有工作。

许多劳动者的工作环境都非常恶劣。那些一直在工厂干活的劳动者们一边要忍受危险的工作环境，一边还要被迫加班加点地工作以提高生产力。技术的进步要求很多服务人员每周7天、每天24小时都必须在现场，这让他们更容易受到剥削。我在研究过程中发现了这样一个例子，一家位于密苏里州圣路易斯市（St. Louis，Missouri）的保险公司客服部故意只给工作人员提供少量工作台。这几个工作台根本就不够工作人员使用，这让他们在想要休息的时候找不到座位，就像"抢椅子游戏"（musical chairs）里面的场景一样。因为对工作人员提供服务的期待值较高而且进行了严密的监控，即使只是15分钟没有工作台都会因产出率不足而被克扣工资甚至丢掉工作。另一个和它相关的例子是在大卖场里，有些销售人员必须忍受波动性大而且很少提前通知的工作时间和日程安排。这些做法让劳动者很难进行家庭预算或安排他人来照顾生病的孩子。另一个问题同样值得我们担心：太多16~24岁的年轻人都没有工作——也就是说，截止到2016年6月，2000万人中有超过200万（1/10的）人都没有工作。甚至在更早之前，青少年和30岁以下年轻成人的就业率从2006年的6.8%跌到了2009年的4.2%。在我们的"工作社会"中，因为劳动力市场不足，没受过高等教育的失业青年几乎没有什么正当的可以赚钱的机会。

因为社会政策提供的支持不够甚至终止了，失业期进一步加剧了这些劳动力市场和工作场所问题。即使经济大萧条正式结束了7年之后，仍有超过700万的前劳动者处于失业状态。在这些人里有超过200万人至少27个月都没有任何工作，这让他们即便在一开始能够参与失业保险计划，也没有资格在全国（除了两个州之外）领取失业救济。

相比之下，对于那些被雇用的人来说，开展一些和最低工资、公平工资和最低生活工资有关的运动固然重要，但是他们可能不会去解决那些和安全工作环境，带薪病假或休假，退休金或储蓄计划有关的问题。这些和"工作社会"劳动者有关的问题彼此关联、日益严峻，公然违背了美国公民历来就有的民族精神——每个人都能够拥有无穷的机遇以及经济的可流动性。大多数美国劳动者靠挣工资来实现经济保障，因此显而易见的是他们在经济方面都很脆弱。

过分强调劳动力市场里的工作不利于社会

这些影响劳动力市场里面劳动者的问题也会对社会产生消极影响。服务业工作的增加和建筑业工作的相应减少有损国家的物质基础设施。每天都有成人和儿童因为道路和桥梁坍塌、火车脱轨、机场跑道不足、水管和下水管道破裂引发的事故而受伤甚至丧命。科学家对美国基础设施服务给出了一个 D，基本属于不及格的评分，因为改善这些基础设施的力度严重不足。

劳动力市场也可能负面影响公民的参与度。公民组织和政治组织人手短缺，管理者和参与者不足，这会削弱民主的一个重要方面，如竞选投票、让老人能够留在自己的家里，以及送孩子上学等。例如，我们在通过提高父母的学校参与度来改善学生的表现时往往会受挫，因为很多父母不得不打两三份工来维持收支平衡，这让他们根本就没有时间在学校里当志愿者。更糟的是，人们往往不认为在学校和公民组织里当志愿者是一份"真正的工作"，这些志愿者也得不到和劳动力市场工作同等的地位和社会认可。然而，公民的参与对于维护我们的民主政治制度、我国的经济基础和儿童的未来来说至关重要。

最后，对劳动力市场工作的过度强调让人们认为，可以通过这种工作来缓解美国社会的病症。我们在 1996 年的福利改革法案中发现了这一点，这个法案要求大部分有 6 岁及以下子女的单身母亲去工作以便换取财政补助。这种补助现在是暂时的，而且一个人一生之中最多只能享受 60 个月。而之前的福利项目"对有需要抚养子女家庭的援助计划"（Aid to Families with Dependent Children）提供的补助不是暂时的，也没有时间限制，它最大的价值在于能够支持父母照料那些学龄前的孩子。到 1996 年，劳动力市场工作的价值取代了育儿的价值，而福利项目现在的名字很好地体现了这一点，现在的名字是"为需要的家庭提供临时援助计划"（Temporary Assistance for Needy Families）。在这个过程之中，如果穷人从事重要的、养儿育女的工作，他们就会被视为"懒惰"和"依赖性强"，需要监督他们去工作从而获得最低的财政补助来养家糊口。

怎么才能解决这些因为过度强调劳动力市场里面的工作而带来的个人和社会问题？针对这个问题有几种可行的解决方案，而我在这里就讨论其中的两种。第一种是改变我们"工作"，特别从事"有偿工作"的形式。第二种是制定一些新政策和实践让每个人都可以"工作"。

改变我们的"工作"形式："后工作社会"和民间劳力

要应对个人和社会在当今的"工作社会"中面临的挑战，

其中的一种做法是向一种被有些人称为"后工作社会"（post-work society）的模式转变。这个说法比较容易引起争议，因此我先解释一下"后工作社会"不是什么。非常重要的一点是，"后工作社会"并不是无视约束性强或危险系数高的工作环境，也不是转变成休闲社会。"后工作社会"只是单纯**扩大**工作的范畴，让工作的含义远远超出我们当前对"工作"的定义——劳动力市场里面组织和企业提供的有偿工作。"后工作社会"意味着创造更为多样的收入渠道和更有意义的活动（如公民参与社会活动），从而使人们更多地工作和下班后参与更多的活动。它包括拓展我们的眼界，让我们能够更广泛地思考工作本身和它带来的奖励。有些人的意见更加极端，认为"后工作社会"是"呼吁我们反对和改变当前的工作制度，而不只是简单地再定义或调整其中的少数条款和条件"①。

将"工作社会"转变为"后工作社会"意味着：（1）反对当前的职业准则，它将劳动力市场里的工作视为最高使命和道德义务；（2）反对劳动力市场工作是社会生活的核心以及个人获得公民身份和权利的主要途径；（3）反对将劳动力市场工作凌驾于其他所有活动之上。

一个更务实的视角认为"后工作社会"应该既有劳动力市场工作又有民事劳动，两者之间相互补充。民事劳动包括参与艺术、文化、社区和政治活动，也包括抚养子女、和儿童共处、帮助老人或残疾人，以及满足社区需求的劳动。民事劳动

---

① Weeks, 2011, p. 101.

者可以参与经济发展、街道美化和改善环境及生态（如改造社区花园和更迫切的完善基础设施的工作）等活动。说到基础设施，几十年前我在墨西哥城（Mexico City）看到很多干部，不分男女，都在为改善道路和美化街道而努力。虽然机器也许能够更迅速地完成这些事情，但与机器相比，墨西哥显然更看重人类的力量，这样可以最大限度地增加有偿就业，并为基础设施改进做出贡献。重要的是，民事劳动不仅立足于社区还非常合乎实际；它被社会承认且重视，并且可以通过公民货币进行奖励，我们在美国应该更多使用这种货币。

公民货币

这时，接下来的问题就是"公民货币是如何运作的？"因为民事劳动基于社区，所以可以通过很多方式来为民事劳动提供资金，如现金、外汇和信用体系。这种资助的形式越多样，越有利于推动个性化民事劳动模式的发展。多样化的资助形式也能让人们拥有平等的机会，他们既可以参与劳动力市场里的工作，又可以参与民事劳动来获得报酬。通过这种方式，我们想象的工作就从一个不可能实现的、社会上人人就业的目标转变为一个可以实现的、人们在社会中从事各种各样活动的目标[1]。在一个活动多元化的社会里，个人既可以参与劳动力市场里的工作，也可以参与其他形式的工作，他们有时同时进

---

[1] Beck，2000，p. 36.

行，有时依序进行，有时做这个、那个或两者都不做。让我们举一个例子来说明资金是怎样互换的：2015 年 1 月，一个费城的广播节目报道了一群艺术家，他们住在费城市区的贫民区里，一个当地的投资者为他们支付房租。我们知道，创作和生活空间对艺术家来说至关重要，没有这种空间的话，他们往往不能开展工作。为了交换居住费用，这些艺术家每投入一小时到艺术创作，就要投入一小时用于周边的社区项目，这些社区项目会优先考虑但不局限于与艺术、空间有关的项目。这种一小时交换一小时的事件作为一个范例，说明在后工作社会里面，人们的生活和社区都具有转变的可能。

92

"工作社会"并没有提供足够的工作机会

实际上，美国的劳动力市场并不能提供足够的就业机会，不能让每个人都拥有一份工作。以下是一些相关数据：截止到 2016 年 4 月，在这个国家里面生活着大约 3.24 亿人。其中约 7400 万人是未满 18 岁的儿童，另有约 4800 万人年龄在 65 岁及以上。从 3.24 亿人里减掉这些儿童和老人，剩下约 2.02 亿人处于 18～64 岁，也就是就业的年龄。然而，在这 2.02 亿人里只有约 1.44 亿人真正拥有一份工作。那么，这时就有大概 1.44 亿份工作。这意味着，美国约有 5800 万人从事着没有任何酬劳的工作，这些工作能够维持社会的稳定、发展壮大我们的社区、让公立学校可以有效运转，还让公民组织得以顺利存活。即使在这 5800 万人中只有一半的人希望或是有能力从事

113

某种有偿工作，还剩下了2900万人。这些人可以汇聚成一股相当可观而且引人注目的力量来改善当前的处境。这个数字实际上可能更高，因为在580万不得不从事兼职工作的人里，有很多人在完成劳动力市场工作之余还想参与一些民事劳动。高级经济学家声称，在最近的经济大萧条期间和结束之后，另有200万~300万的"待业"和"气馁"的劳动者，他们因为没有找到工作而离开劳动力市场，但会在能够获得体面工作（或我建议的民事劳动工作）的时候回归劳动力市场。这样，可能从事民事劳动的人数就增加到了约3800万。在"后工作社会"里，这是大量的可从事"工作"的人力资本了！

在"后工作社会"里工作

企业和创新性政策与实践有助于在"后工作社会"开展工作。我们可以通过政策来解决就业机会不足这个事实，那就是成立一个保障就业倡议。"新交易"（New Deal）和当前的"全国投资就业契约"（National Investment Employment Compact）是两个社区工作项目，它们为解决就业保障问题提供了一些指导意见。这种保障可以轻而易举地将目前失业的青年和成人带入一个"后工作社会"，因为这两个群体在经济大萧条之后经历了大规模的失业并且很难甚至不可能再就业。我们可以通过某种形式的通用基础收入政策来扩大保障就业政策的成效，这种政策类似诺贝尔经济学奖获得者米尔顿·弗里德曼（Milton Friedman）早期提出的"负所得税提案"（Negative Income Tax

Proposal），但现在适用于各式各样的工作，包括教育、工作中的休息时间、家庭需要和其他被认为不是工作的活动。资助这类收入提案也许会减少当前失业保险、食品补助和现金援助等项目需要的投资，也可以通过提高收入的方式从税务系统中获得资金，例如所得税减免（Earned Income Tax Credit），而它现在只被用于劳动力市场工作。

与此同时，向"后工作社会"转型并不能抹除我们对劳动力市场的工作条件更加优质、健康和公平的需求。我们永远需要劳动力市场里的一些工作，但这并不意味着劳动力市场里的工作是唯一的有效果、有价值的工作形式。像将劳动力市场里的组织连接到一起那样，工会和其他民间组织可以不费吹灰之力就将民事劳动结合到一起，甚至后者可能还更简单一点。

"后工作社会"可能会受到年轻一代的欢迎，就像我们在德国看到的那样。同时，它也可能会受到美国日益增长的有色人种的欢迎，这些人经常被当前的工作机会拒之门外。同样困扰着这个群体的是，如今公共部门的工作正在消失，这类工作曾经促使很多美国黑人家庭进入中产阶级。在经济大萧条期间和之后，全国几乎减少了200万份公共部门的工作，而每5个美国黑人劳动者中就有1个在公共部门工作，而且这些工作岗位直到现在也没有恢复。

在"后工作社会"里面工作也会改变人们的价值观。即使在现在的美国，与大部分工作社会人士持有的价值观相比，许多人表达的价值观更具有包容性和平等性，我们可以看到这一点，例如，"家庭煮夫"（stay-at-home fathers）的数量在持

94 续上升，而承认同性婚姻合法化的州也越来越多。"后工作社会"的价值观也体现在父母的呼声之中，他们希望能用最适合他们家庭的方式来分配自己的时间和精力，以此来决定他们将其用于子女抚养和收入获取方面的比重。

我们对"在'后工作社会'人们如何实现经济可持续性？"这个问题的回答肯定还有待于进一步的完善，但是，美国和其他国家的人们已经提出了一些创新性的企业理念，而且以后还会涌现出更多的想法。就像我们之前提到的北费城艺术家和墨西哥修路工这两个例子建议的那样，我们在发现"后工作社会"已经实现了很大一部分的时候可能会感到非常惊讶。我们强烈要求下一任总统推进"后工作社会"的进程和范围。这将带来个人、社区、组织、商业和政府等方面的多赢。

参考文献

Beck, U. (2000). *The brave new world of work*. Cambridge, UK: Polity.

Bernstein, J. (2015). Here's why wages aren't growing: The job market is not as tight as the unemployment rate says it is. *Washington Post*, January 12.

Bureau of Labor Statistics. (2016). The employment situation—June 2016. Washington, DC: U.S. Department of Labor, July 8.

Darity, W., Jr., & Hamilton, D. (2012). Bold policies for economic justice. *Review of Black Political Economy*, January 7 (online).

Department of Numbers. (2016). *U.S. employment and jobs*.

Domhoff, G. W. (2013). *Wealth, income, and power* (online).

Forsythe, E. (2015). *Young workers left behind: Hiring and the Great Recession*. Kalamazoo, MI: W. E. Upjohn Institute for Employment Research.

Garrett, P. M. (2014). Confronting the 'work society': New conceptual tools for social work. *British Journal of Social Work*, 44(7): 1682–1699.

Gill, R., & Pratt, A. (2008). In the social factory? Immaterial labour, precariousness and cultural work. *Theory, Culture & Society, 25*(7–8), 1–30.

Iversen, R. R., & Armstrong, A. L. (2006). *Jobs aren't enough: Toward a new economic mobility for low-income families*. Philadelphia: Temple University Press.

Kalleberg, A. L.(2009). Precarious work, insecure workers: Employment relations in transition.2008 Presidential Address. *American Sociological Review, 74*(1), 1–22. 95

———. (2013). *Good jobs, bad jobs: The rise of polarized and precarious employment systems in the United States, 1970s to 2000s*. New York: Russell Sage Foundation.

Knowledge@Wharton. (2015, February 23). *The economy is coming back—why are wages stuck in a rut?*

Lambert, S. J., Fugiel, P. J., & Henly, J. R. (2014). *Precarious work schedules among early-career employees in the US: A national snapshot.*

Livingston, G. (2014). *Growing numbers of dads home with the kids: Biggest increase among those caring for family*. Washington, DC: Pew Research Center Social and Demographic Trends Project, June.

U.S. Census Bureau. n.d. *Baby boom generation to accelerate elderly and oldest old growth.*

U.S. Department of Labor. (2014). *Maximum potential weeks of UI benefits for new claimants.*

Weeks, K. (2011). *The problem with work: Feminism, Marxism, antiwork politics, and postwork imaginaries*. Durham, NC: Duke University Press.

Wessel, D. (2015). *Spending on our crumbling infrastructure*. Washington, DC: Brookings Institution. 96

第八章
强制性精神治疗并不能阻止暴力惨剧的发生

◎菲利斯·所罗门

1999 年 1 月，安德鲁·戈尔斯坦（Andrew Goldstein）在纽约市将坎德拉·韦德戴尔（Kendra Webdale）推向迎面而来的地铁并害死了她。经诊断，安德鲁患有精神分裂症并有着较长时间的精神病治疗和住院史。2001 年 1 月 10 日，大二学生劳拉·威尔科克斯（Laura Wilcox）利用学校的假期在一家公立精神卫生诊所工作，她在工作期间被斯科特·索普（Scott Thorpe）枪杀，后者是一名 41 岁拒绝接受精神病治疗的男性。

这些可怕的事件让公众感到愤怒和恐慌，他们中的很多人坚信精神病患者是暴力杀人狂。虽然这样的事件极其罕见，但占据了数周的媒体头条，引起了人们对公共安全的恐惧以及当选官员的回应。因此,全美44个州和哥伦比亚特区(District of Columbia)通过了《协助门诊治疗法案》(Assisted Outpatient Treatment,AOT),让民事法庭可以在社区中强制推行精神卫生治疗。这些法律在纽约市和加州以受害者的名字命名,分别被称为《坎德拉法案》(Kendra's Law)和《劳拉法案》(Laura's Law)。目前,美国的国会会议中提到了两项有关精神卫生改革的法案,都提到了扩大法院进行强制治疗的范围。一项是1945 97 年参议院提出的《精神卫生健康改革法案》(Mental Health Reform Act),另一项是在众议院提出的H. R. 2646号,名为《帮助危机家庭的法案》(Helping Families in Crises Act)。这是国会在50年的时间里首次提出的解决精神卫生问题的主要法案。然而,这样扩大范围并不太必要,因为所有的州都有"非自愿治疗法"(involuntary commitment laws),允许将那些被评为对自己或他人"极度危险"的精神病患者关押在精神病院里。虽然《协助门诊治疗法案》似乎只是为了预防暴力事件而制定的常识性倡议,但是它拓展了州的治安权,并且侵犯了那些不符合强制精神病住院治疗标准的精神病患者的公民权。围绕《协助门诊治疗法案》的伦理和成效存在许多争议。这一章阐述了反对这类法律的原因,并揭示了为什么自愿治疗能够实现《协助门诊治疗法案》的既定目标,即提高患者对规定治疗的依从性,减少他们再次入院的次数、无家可归现象以及卷入刑事司法系统的次数。这些目标都非常好,而且与预防未来暴力惨剧的倡议相比,实现自愿社区治疗的可能性明显更高。

什么是《协助门诊治疗法案》？

《协助门诊治疗法案》是强制治疗的积极面。"协助门诊治疗"一词源于强制治疗法律的支持者，是对多年来被称为非自愿门诊治疗、强制性门诊治疗以及强制性治疗命令的婉称。反对者们称其为"拴绳法"。因为大众对发生在韦德戴尔和威尔科克斯等人身上的悲剧事件感到恐惧，州议员们被迫通过了《协助门诊治疗法案》。这样，民事法庭可以要求那些被诊断为患有严重的精神疾病，特别是精神分裂症、双相情感障碍和抑郁症的人接受强制性的治疗，这种治疗通常包括服用一些精神类药物。现在，很多州的法律赋予了法庭权力，让它们可以强制精神病患者接受门诊治疗，然而法庭很少执行这些法律机制。

这些法令的条款在不同的州存在一些差别。这些法律主要适合那些有不遵医嘱服药历史的精神病患者。它的假设是：不服从治疗可能导致住院治疗、无家可归、监禁、暴力行为和暴力威胁。虽然这个假设看上去合情合理，但是这些法律都放大和模糊了危险的构成因素，并在这个过程中将严重程度各不相同的精神病患者都置于社区的监控之下。这些法律在有些州里适用于那些从精神病院里出院的人。在其他州，它们适用于那些住在社区并拒绝自愿接受精神卫生治疗的精神病患者。如果不要求有精神病院住院史的话，那么这些法律就能抢先帮助到某些精神病患者。这些患者的临床诊断显示，如果不接受精神治疗干预（通常是服用处方药）的话，他们的病情就会进一步恶化。使用这种先发制人策略基于的假设是，这些患者有很大的可能以后会满足非自愿住院治疗的筛选标准。民事法官根据有临床资格的专业人士（一般是精神科医生）的证词来颁布这类指令。

我们必须了解，门诊患者委托不等于治疗。有些法律（如纽约的法律）会为一些在法律管辖范围内的特定群体提供用于精神卫生治疗和服务的资金。一旦门诊患者委托提供了服务，它就成了一个项目。无论是哪种情况，社区治疗基本都是强制的。

对强制性社区治疗的争论不仅局限于美国。它也发生在英格兰、澳大利亚、威尔士、苏格兰和其他地区。按照英格兰法院的规定，强制要求在医院外进行监管的行为被称为"社区治疗指令"（community treatment orders）。爱尔兰并没有通过这类立法，但是存在别的机制来实现类似的目标。在爱尔兰，像包括美国在内的其他地区一样，可以将个体从非自愿的精神病院暂时放回社区。然而，这种释放是暂时的、有一定条件的，只有遵守治疗指令才能被释放。严格来说，他们还在精神病院的住院名单上，因此出了任何岔子都很容易被送回精神病院。这是美国以前的一个惯例做法，而且新罕布什尔州（New Hampshire）现在还在沿用它。

《协助门诊治疗法案》并不见效

到目前为止，我们只能通过三个研究来判断门诊患者委托

99

是否有效。其中没有一项研究支持门诊患者委托是有效的这个
说法。与标准的自愿社区治疗相比，接受门诊者委托在延长
服务的持续性使用，降低再入院率，缩短住院时间，降低被监
禁率和暴力事件发生率，以及改善社会功能这些方面并没有什
么差异。这些研究只发现了一个积极的结果，即患者成为犯罪
受害者的可能性降低了。接受门诊患者委托的个体数量必须非
常大，才能达到像降低住院和监禁率这样的积极后果。此外，
即使这些措施能够带来一点效果，它们对公共安全的影响也可
以忽略不计，因为全美仅有 4% 的暴力事件是精神病患者造成
的。鉴于这些发现，我们就会产生这样的疑问，是否存在比强
制手段更有效的方法来提高治疗的依从度？是否有什么策略可
以不通过外部的强制手段而让患者打心底里接受治疗？

　　拥护者们认为这些法律可以帮助州政府节约资金。但这个
说法也是错误的。研究表明，将经费从高昂的住院治疗转向社
区精神卫生服务可以通过降低刑事司法服务的使用、缩减心理
卫生服务和医疗服务的成本来省一笔钱。然而，节约的成本也
许并非来自法律本身，而是因为接受了更为密集的服务。请记
住，这些法律并不是通过服务使用而是通过强制命令来让患者
服从治疗。

　　实施《协助门诊治疗法案》会带来大量的管理和法律费用，
这些费用难免会因为实施地点和程度而发生变化。一项在纽约
市和纽约州五个县的研究发现，在出院前第一个 12 个月里，每
名患者的平均成本为 10.4 万~10.5 万美元。在出院后的第二个
12 个月里，成本大幅度降低但仍然不菲，每名患者是 3.9 万~

5.3万美元。据提交给纽约州精神卫生办公室（New York State Office of Mental Health）的最后一份关于《坎德拉法案》的报告：对2005～2006年运营成本的财政年度预算已达3200万美元。在俄亥俄州萨米特县（Summit County），辖区内的患者接受现有的心理卫生门诊服务的人均花费仍为35103美元，随后会降到17540美元。此外，这些成本很可能没有包含一些额外的花费，如警察筛选不服从治疗的患者的费用。

总的来说，用来支持这些法律的证据引起了很多疑问。这些证据宣称的积极结果到底源于强制性机制还是使用了患者需要的、集中的门诊服务？那么，强制性治疗是否还有必要，还是会有别的更有效的手段来实现这些法律的既定目标？这些法律强制是否符合道德，是否会剥夺了一个已经被污名化的群体自由地、自主地做出自愿治疗决定的权利？这些法律的实施过程是否符合道德和伦理？

实施《协助门诊治疗法案》 既艰难又昂贵

一些调查人员研究了《坎德拉法案》并对它折中后的结果提出了警告，因为他们在研究过程中发现，有关部门没有发布一条警察指令来让警察筛选因为不遵守规定而必须接受强制治疗的个体。因此，即便是不配合治疗，患者也不会受到任何惩罚。这种情况并不只是发生在纽约市，而且是这类命令在实施时经常面临的一个现实。另外，如果评估员不能时刻监控这些命令的发布，那在没人关注的时候它往往很难发生。服务提

101

供者并不愿意花时间上法庭，也不愿意承担执法的角色。因为这些人并不符合非自愿住院的标准，所有服务提供者有正当的理由认为在这种情况下出庭就是浪费时间。同样，警察也不喜欢花时间去筛选那些不服从治疗的人，因为这些人即便入院也往往不会待很久，最多两三天时间他们就会回到社区。出于这些原因，这些法律被形容为没有震慑力。

服务提供者并不乐意接待不愿意来的案主，因为他们一般都没有受过这类训练，他们往往不知道应该怎么做。由于潜在的不信任感，强制治疗会让案主产生抗拒并破坏治疗关系。案主的不信任感让他们很难和服务提供者建立或维持一种良好的工作关系。如果不能和患者之间建立起一种良好的关系，那么服务提供者就很难让案主参与服务，这样就会违背原法案的意图并从本质上来说是在强迫不配合的人接受治疗。这种情况让服务提供者很难坚持自己的立场。

实施这些法律的另一个难点在于临床医生是否能够准确评估哪些人符合这些法令的规定标准。研究表明，临床医生评估危害风险系数的准确率是众所周知的低。对住院患者委托进行危害风险评估的标准受到了更多的限制，从而提高了对预测近期可能出现暴力行为可能性的准确率。

反对者们经常将这些法令称为强制用药法。然而，这些法律并不包括强制性药物治疗。但是，法官制定的治疗方案可以规定是否进行药物治疗。这时候，我们的问题变成了如何执行这个规定。直接观察可能会在住院治疗时起到一定效果，因为102 患者会"忍气吞声"地服药。但在社区里，除了注射性药物之外的情况都要复杂很多。另外，因为罗杰斯诉奥金案（*Rogers v. Okin*），一家美国的上诉法院确立，一个有行为能力的人有权在非紧急情况下拒绝接受药物治疗，即使他们是在医院或监狱里。虽然支持者争论说，命令之下的患者在接受处方药物治疗时会更加配合，但是对配合与否的推断往往来自他们收下处方药而不是观察到他们服用这些药物。如果患者在命令之下配合了药物治疗，那往往也是因为他们被威胁送回精神病院（即便服务提供者很清楚至少最近这是不可能发生的）。他们对这种欺骗的解释是，害怕患者的病情会进一步恶化至符合非自愿患者委托标准的程度。因此研究者发现，当这些法案带来依从性的时候，服务提供者往往欺骗了患者，而这样的做法可能有违伦理。

如果一个辖区里没有实施这些法律机制的业务指导或管理体制，那么这些法律机制就不太可能得以实施。即使其他地方存在相关的管理体制，它们的花费无疑也很高。与管理这类项目相比，将这些资金用于自愿心理卫生服务似乎更为划算。

《协助门诊治疗法案》侵犯了精神病患者的公民权

我们必须有令人信服的理由才能剥夺一个人的自由并将其置于持续监视之下。这些法律可以自由地剥夺一个人自己做决策和决定的权利，而这个人并没有被法律认定为丧失了行为能力或可能造成危害。法官规定的治疗命令可能包括个人的生活地点和生活方式。此外，承诺令通常为期 6 个月而且比较容易延期。由于没有明确的终止标准，因此对可延期次数也没有明确的规定。这种没有时间上限的判决让人感到非常不安，毫无疑问也侵犯了个人的不可剥夺的自由权。这让我们回想起了过去，患者一旦住进了州立精神病院就不知何时才能出院，而有些患者甚至更中意刑事司法系统，因为刑事判决中被监禁和/或被社区监控的时间是有上限的，一旦刑期结束，这些就终止了。

103

信奉自由的支持者们试图证明，接受门诊患者委托要好于被关在精神病院或监狱里面。然而，这些人既没有达到住院患者委托的标准也没有犯过罪。有些患者也许能从治疗中获益，但是他们并没被认定为丧失了行为能力或可能造成危害因而有权自己做出治疗选择。支持者们进一步指出，如果个人不接受社区服务的话就有可能被送往医院，这样《协助门诊治疗法案》就符合《美国残疾人法》（*American with Disabilities Act*）的最低限制替代标准，就像**奥姆斯特德决策**（Olmstead decision）中解释的那样。联邦法院的决议规定，如果一个人在适当的支持之下可以安全居住在社区里，那么就不应该把他关在某个机构而是应该在社区里为他提供服务。然而，这个论点用了错误的二分法，因为这些人既没有达到住院患者承诺的标准也没有触犯任何刑事法律。

其他支持者提出的观点是，这些人缺乏对自身疾病的洞察力或没有能力理性地做出治疗的决定。因此，他们需要别人帮助他们做出决定，这种管制可以预防进一步的伤害，似乎合情合理。这种管制是一种由来已久的家长式作风，它反对患者自治，认为只有别人才知道怎样对精神病患者来说是最好的。这种观点从道义上说也很合理，因为被诊断出的精神病患者往往被误认为丧失了做出最佳决定的能力，而对此通常的理解是其不愿意服用处方药。然而，人们往往认为被诊断出的精神病患者（如精神分裂症或双相情感障碍患者）不能自己做出治疗决定。但是，如果一个人真的这样没有行为能力的话，那么我们已经有了《监护法》这种法律补救措施。因为没有明确的标准，所以我们无法界定怎样才是缺乏对病情的洞察力。在没有法律界定如何才是缺乏做出治疗决定能力的情况下，这种基于将来病情可能恶化的观点并不能令人信服地剥夺个人做出治疗选择的权利。我们为什么需要门诊患者委托这种污蔑性的法律，它背后的原因并不令人信服，特别是那些患有其他疾病的人（包括癌症患者、物质滥用者、糖尿病患者和肥胖者等）也可能拒绝接受那些能让他们获益的治疗，但是他们并不会因此而被迫接受治疗。但是，所有的《协助门诊治疗法案》都没有一个前提条件，即法院要求就患者的行为能力或胜任力举行听证会。

执行这些命令的另一个伦理问题是通过欺骗的手段让患者错误地相信，如果不服从患者委托的规定就会带来极为严重的后果。英国的一项最新研究发现，服务提供者意识到了这些欺骗行为，却因为担心告诉患者全部事实之后会降低这些命令的影响力而不愿纠正这些错误。此外，这些调查人员还发现，在接受这些命令的患者之中，受益最大的是那些了解自己的病情或接受从业人员权威性的人，而"对那些抗拒命令的人来说可能带来事与愿违的结果"①。这种法律补救措施最想针对的群体似乎并不是从中获益最多的群体。《协助门诊治疗法案》帮助最多的似乎是那些最不需要它的群体。这种法律机制带来的收益似乎是通过外部力量实现的，而不是在没有外力影响的情况下改变患者的内部动机。

《协助门诊治疗法案》加剧了精神病患者的污名化

这些法律的本质是将个人贴上了"有暴力风险"的标签。有些患者认为，这是"一种对个人自治和自我展现的威胁"以及污名化加剧的根源②。而且，这些法律让人们一直坚信，"精神病患者极度危险"。我们似乎可以接受这样对待精神病患者，却不能接受这样对待那些患有其他疾病并且也可能从强迫治疗中获益的患者。针对这个问题的道德论证是——这是一个公共安全问题。然而，它进一步加剧了将这个群体视为暴力肇事者的消极观念。

《协助门诊治疗法案》阻止了精神病患者接受需要的治疗

精神病患者（特别是那些住过精神病院的人）都害怕，如

---

① Stroud, Banks, & Dougherty, 2015, p.89.
② Lally, 2013, p.144.

果去社区的精神卫生系统寻求治疗，他们会在拒绝服用处方药的时候卷入繁重的患者委托法律。精神病患者往往希望得到治疗，却不希望得到药物治疗，因为这些药物往往伴随着令人讨厌的副作用和安全隐患。因此，那些可能需要社区精神卫生系统服务并且可能从中获益的人发现，他们最好的选择是不去治疗。这样的态度和随后的行为"打败"了《协助门诊治疗法案》的前提。

《协助门诊治疗法案》拿走了某些群体需要的服务

因为可用于精神卫生服务的资金有限，所以服务提供者要指定一个优先群体，而这会带来不可避免的后果：同样需求这些服务的其他人能够享受到的服务变少了。事实上，安德鲁·戈尔斯坦的暴力行为促成了《坎德拉法案》的通过，他曾经数次寻求精神卫生服务却都被拒之门外。具有讽刺意味的是，即使那时已经有了《坎德拉法案》，戈尔斯坦也可能不符合条件，因为他认可并想要接受治疗。一个在考虑《劳拉法案》时为此提供信息的研究写到，从本质来说这些法律就是让精神卫生体系只为某种特定群体提供服务。虽然这无疑是个附带的好处，但从业者还是很难评估和决定谁将受到这些法律的管辖。另外，这些法律可能会激励服务提供者将更多的患者置于这些命令之下，这样他们就可能成为政府指定的服务提供者。同时，管理人员对法律效果的认可程度主要取决于现有的社区精神卫生服务状况，而这让某些地区感到气馁从而不愿实施这些法律。

106

志愿治疗是一种更为有效的方式

当人们感觉自己可以选择要接受的服务并能参与到治疗决策过程中的时候，他们更愿意去寻求治疗。如今的精神卫生领域开始强调以患者为中心的护理，医学研究所（Institute of Medicine）将它定义为"提供的护理要尊重，并对单个患者的喜好、需求和价值观做出积极的回应，并确保所有临床决定都受到了患者价值观的引导"①。这种方式就是共同决策，赋权于患者，尊重他们的尊严和价值并邀请他们共同参与治疗。有证据表明，这种共同决策过程可以建立信任感并改善患者的治疗结果，其中也包括配合用药。这种方法在医学界已经存在了数年，但它在很晚才用于心理健康领域，特别是用于《协助门诊治疗法案》的目标群体——被认为对疾病缺乏洞察力的患者。

两名精神科医生——马克·拉金斯（Mark Ragins）和大卫·波拉克（David Pollack）——描述了将这种康复为导向的方法用于一个有着长期精神病史和无家可归史的患者而取得的成功，许多人说这名患者缺乏对自身疾病的洞察力并拒绝接受药物治疗。精神科医生与患者合作来共同决定对患者来说非常重要而且有意义的事情。患者和精神科医生共同制订了一项计划来获得必要的资源和支持以实现获得住房和工作的目标。一旦这个计划到位而且一个相互信任的关系建立起来了，精神科

① Institute of Medicine, 2001, p. 40.

医生就可以满足患者对药物治疗的需求。随后，医生向患者解释，药物如何能够帮助患者维持新获得的生活方式，而患者也会更愿意配合。这种以康复为导向的护理让患者能在做治疗决定的时候发出自己的声音并做出选择，而不是给他们贴上抗拒或不配合治疗的标签。这种方法长此以往会更加成功。正如一位心理学家和消费者权益代言人说的那样，"通过精神类药物来维持康复……不仅是医疗决策，也是一种能对个人生活造成深远影响的个人决策"①。

结　论

我们并没有令人信服的理由来使门诊患者委托法律获得通过，这种法律剥夺了精神病患者的公民权，而经过认定，这些患者既非无行为能力也不危险。这种法律不能有效地达到预期目标，还很可能打击那些最需要的患者接受心理卫生服务的意愿，并在这个过程中以治疗的名义扩大监控范围。我们需要提供更多康复导向的社区精神卫生服务。《协助门诊治疗法案》并不能有效弥补社区精神卫生体系中资金不足、服务质量差的现象。开展以患者为中心的护理需要花费医生更多的时间、精力和技巧。因此，我们需要的是更多的资金以及面向服务提供者的培训而不是强迫治疗。接受康复导向的、自愿的心理卫生服务更可能带来长期的回报，而《协助门诊治疗法案》这种

---

① Deegan，2014，p. 487.

108 方式只是一种无效的、短期的解决策略。

参考文献

Allen, M., & Smith, V. (2001). Opening Pandora's box: The practical and legal dangers of involuntary outpatient commitment. *Psychiatric Services, 52*(3), 312–316.

Burns, T., Rugkisa, J., Molodynski, A., Dawson, J., Yeeles, K.,Vazeques-Montes, M., Sinclair, J., & Priebe, S. (2013). Community treatment orders for patients with psychosis (OCTET): A randomized controlled trial. *Lancet, 381*, 1627–1633.

Deegan, P. (2014). Shared decision making must be adopted, not adapted. *Psychiatric Services* 65(12), 1487.

Hamann, J., & Heres, S. (2014). Adapting shared decision making for individuals with severe mental illness. *Psychiatric Services, 65*(12), 1483–86.

Health Management Associates. (2015). *State and community considerations for demonstrating the cost effectiveness of AOT services: Final report.*

Heyman, M. (2001). Confusion about outpatient commitment. *Psychiatric Services, 52*(8), 1103.

Institute of Medicine, Committee on Quality of Health Care in America, Institute of Medicine. (2001). Crossing the quality chasm: A new health system for the 21st century. Washington, DC: National Academies Press.

Kisely, S., & Campbell, L. (2015). Compulsory community and involuntary outpatient treatment for people with severe mental disorders. *Schizophrenia Bulletin* (advance access).

Lally, J. (2013). Liberty or dignity: Community treatment orders and rights. *Irish Journal of Psychological Medicine, 30*, 141–149.

Matthias, M., Fukui, S., Kukla, M., Eliacin, J., Bonfils, K., Firman, R., Oles, S., Adams, E., Collins, L., & Salyers, M. (2014). Consumer and relationship factors associated with shared decision making in mental health consultations. *Psychiatric Services, 65*(12), 1488–1491.

Monahan, J., Swartz, M., & Bonnie, R. (2003). Mandated treatment in the community for people with mental disorders. *Health Affairs, 33*(5), 28–38.

Player, C. (Forthcoming). Involuntary outpatient commitment: The limits of prevention. *Stanford Law & Policy Review, 26.*

Ragins, M., & Pollack, D. (2013). Recovery and community mental health. In K. Yeager, D. Cutler, D. Svendsen, & G. Sills (Eds.), *Modern community mental health: An interdisciplinary approach*, pp. 385–404. New York: Oxford University Press.

Rooney, R. (Ed.). (2009). *Strategies for work with involuntary clients* (2nd ed.). New York: Columbia University Press.

Steadman, H., Gounis, K., Dennis, D., Hopper, K., Roche, B., Stroud, J., Banks, L., & Doughty, K. (2015). Community treatment orders: Learning from experience of service users, practitioners and nearest relatives. *Journal of Mental Health* (early online).

Swanson, J., Van Dorn, R., Swartz, M., Robbins, P., Steadman, H., McGuire, T., & Monahan, J. (2013). The cost of assisted outpatient treatment: Can it save states money? *American Journal of Psychiatry, 170*(12), 1423–1432.

Swartz, M., & Robbins, P. (2001). Assessing the New York City involuntary outpatient commitment pilot program. *Psychiatric Services, 52*(3), 330–336.

Swartz, M., Swanson, J., Wagner, H. R., Burns, B., Hiday, V., & Borum, R. (1999). Can involuntary outpatient commitment reduce hospital recidivism? Findings from a randomized trial with severely mentally ill individuals. *American Journal of Psychiatry, 156*(12), 1968–1975.

109

第九章
超越非好即坏的世界观

——推进关于枪支政策的讨论

◎苏珊·B. 索伦森

◎大卫·海明威

> 世上有两种人，一种人将世界上的人分成两种，而另一种人则不这样区分。
>
> ——罗伯特·本奇利（Robert Benchley）

两极化思维，听起来是一个颇为错综复杂的过程。但我们一直都在使用它。两极化思维有时也被称为"非黑即白"的思维，它是一种既常见又普通的思维方式，往往有助于我们整合现实生活的方方面面。两极化思维可以帮助我们快速做出决定。但是，这种思维也和很多消极的心理状态有关。例如，它经常出现在边缘型人格障碍和完美主义者身上。两极化思维也和进食障碍以及抑郁、自杀行为等情绪障碍有关。

心理学家和精神科医生接受的训练里面包含对这种两极化思维的评估和处理方法。要改变两极化思维，心理治疗师可能会举一些例子，将不同的观点看成一个连续体，这样可以帮助 111
患者更真实地感知自己所处的环境和人际关系。两极化思维的问题在于它让我们的思维模式像儿童一样忽视了其他的可能性。

两极化思维阻碍了我们从个人和社会层面思考所有的可能性，因此会限制我们发现其他可能的政策选择。虽然两极化思维对单个议题的游说者领袖来说是一种不错的方式，可以让他们动员选民去支持游说或为它捐款，但用它在多元社会里确定政策并不是一个好办法。正如我们在本章讨论的主题一样，政策中的两极化思维往往限制了我们所说的"枪支论战"（gun debate）。

"枪支论战"一词贴切地形容了对枪支政策的讨论。在辩论中，人们分成了对立的两派，都在寻找证据来支持他们的观点。对枪支政策的辩论往往限于两极化思维，而这促成了一种"我们和他们对立"的心理——有枪的人和没枪的人对立，赞成持枪的人和反对持枪的人对立等。两极化思维把人们分成了赞成和反对枪支的两派，把政策倡议分成了允许持枪的人和试图从普通人手里拿走枪的人两派。两极化思维导致人们又开始徒劳地争论：枪支杀人还是人杀人，真正的问题是枪支的可获得性还是不良的个人行为（如心理健康问题），以及我们应该制定新的法律还是执行以前的法律。两极化思维让有些人相信，如果不能科学地证明一项法律是有效的，那么它肯定毫无效果；如果一项法律不能解决所有和枪支有关的问题，那么它就没有存在的价值。两极化思维还引起了人们的争论：我们应该用刑事司法的方式还是公共卫生的方式来减少犯罪和暴力行为。

在有关枪支政策的辩论中，最致命的分歧或许就是它的假设，即世界可以被完完全全地分成好人和坏人。枪支游说者们利用这种构架来支持他们的政策立场，即对守法的"好人"来说，应该几乎不存在枪支限制；而对犯罪的"坏人"来说，必须给予他们严厉的处罚。

随着游说团体的活动，非好即坏的两极化成为备受关注的、考察人们对枪支政策态度的调查研究的一大特点。例如，皮尤研究中心（Pew Research Center）在2014年12月的调查发现，更多的美国人维护自己持枪的权利而不支持控枪。正如过去20多年以来的调查一样，这个调查给出了两极化的选项。媒体对调查结果的报道加剧了这种两极化思维，似乎一个人不能在维护持枪权利的同时支持对枪支进行一定的限制，或是与之相反的情况。将这个问题简化成两个选项会产生误导。

不幸的是，为了统计上的方便。关于枪支政策的统计模型往往加剧了这种非好即坏的思维模式。例如，一个统计模型"将人群分为两类：潜在罪犯和潜在受害者"①。另一个统计模型将拥有枪支的全部好处定义为降低受到攻击的概率，而它的全部成本是提高了发生自杀和枪支事故的概率。这些方法虽然

①　Mialon & Wiseman，2005，p. 170.

颇为省事，但是不能如实地反映现实情况。

两极化思维模式不仅被用于枪支事故和自杀事件，还用于人际暴力。两极化思维认为，自杀可以分成两种：一种是真的想死，还有一种其实不想死。其实很多自杀都是心血来潮，想死的念头转瞬即逝。这个事实得到了进一步的验证：在因为自杀未遂而住院的人里面，绝大多数人（超过90%）的死亡原因跟其他人并没有什么不同，他们并非因为自杀而死亡。购买手枪和显著提高的自杀风险有关并会持续数年。这种风险会波及其他的家庭成员，因此，如果家里有枪的话，自杀成功的可能性会提高到之前的 2 ~ 3 倍。

这些发现让我们不禁提出了一个明显带有攻击性的问题：与他人相比，枪支持有者或家里有枪的人是不是更容易精神不稳定？（注意这个问题的两极化）至少据我所知，这个答案是否定的。枪支持有者和非枪支持有者在心理健康的某些基本指标上并无差异，而且家里有枪的人和家里没有枪的人在这些指标上也并没有什么区别。与没有枪支的人相比，枪支持有者和家里有枪的人的整体情绪和心理健康水平并不会更糟糕，不会更悲伤和抑郁，心理健康的功能不会更糟，也更不可能寻求过心理健康治疗的帮助。他们存在自杀的念头或尝试过自杀的可能性也没有更高。他们只是更可能制订一个涉及枪支的自杀计划。因为80% ~ 90%试图用枪自杀的人都死了，所以那些尝试用枪自杀的人在一生之中不太可能获得第二次自杀的机会。

有些人声称，枪支事故是由坏人（罪犯或具有自毁倾向的个体）而不是普通人引发的。虽然一位学者声称，"在约2/3涉及年幼儿童的意外枪杀案中，开枪的不是别的儿童而是有犯罪前科的成年男性"①，但全国暴力死亡报告体系（National Violent Death Reporting System）数据中显示的并非如此。在有儿童（14岁及以下）死亡的意外枪击案中，即使排除不小心开枪射中自己的情况，大多数持枪杀人者是儿童。

与一些学者及其他人一样，肯塔基州第四区议员托马斯·马西（Thomas Massie）也声称："顾名思义，罪犯根本不在乎法律。他们会用尽一切办法来拿到枪。"他还说："严格的枪支管制法除了阻止好人在遭遇抢劫、非法入户或其他犯罪时保护自己和家人之外，什么都做不了。"②

我们相信，顾名思义地认为罪犯就不会遵守法律这个说法有些古怪。有些人虽然犯下了非常暴力的罪行，但这并不意味着他们从来都不遵守任何法律。他们会遵守所有的枪支管理法吗？不。是否有人会受到这些法律的影响在有的时候不去获取、携带或使用枪支？是的。研究者在约30年前发现，当他们询问那些被监禁的重罪犯在犯罪时为什么不带枪时，他们的回答表明他们试图遵守某些法律：79%的人选择了"这样会得到更严厉的刑罚"，59%的人选择了"这样是违法的"。

与非好即坏的两极化思维有关的另一个问题是，人们倾向于去强调指责而不是预防。在蓄意枪击的事件中，这意味着指

---

① Lott, 2013.

② Massie, 2014.

责枪手，政策关注的是惩戒罪犯或贬低自杀者。为了更有效地预防枪击而采取其他行动的观点被认为是不负责任的，是对犯罪的心慈手软。

我们在大部分别的政策领域已经避开了这种像孩子一样的两极化思维。例如，大部分机动车死亡事件是由驾驶人蓄意的违法行为而导致的，如超速、醉驾、开车时发短信、闯红灯等。从社会的角度来看，我们已经可以通过提高汽车（如安全带、安全气囊、可折叠性转向柱）和道路的安全系数而不是改变驾驶行为来大幅地减少汽车每公里的死亡事故。这并不是说我们谴责汽车和道路，认为是它们导致了这些问题。相反，政策制定者可以不用理会"不是汽车杀人而是人杀人"这种说法，而去关注如何让汽车变得更加安全这种问题。同样，我们对地铁系统、学校和住房项目进行了规划，让它们更难引发暴力，而不去讨论我们是指责地铁、学校或住房还是坏人这种无关的问题。

就像生活中的大多数事情一样，美国人之间的暴力性互动也是一个连续体。在一端是一些明显的极端暴力分子，我们需要保护社会不受到他们的威胁。在另一端是一些和平的、可能成为他人楷模的人。但是，大部分人没有这么完美。例如，一项自我报告的研究表明，大部分美国男性曾经犯下让他们可能被监禁、不能通过背景调查从而无法合法拥有枪支的重罪。很少有坏人是从头坏到脚的。很多人会随着时间的推移而得以改善，大部分已经定罪的重犯在40岁之后都停止了犯罪——他们超过了犯罪的年龄。

鉴于好人和坏人之间没有明显的鸿沟，那么我们应该何时、何地，以及是否应该通过枪支政策来界定谁能够合法地获取、携带和使用枪支？这是一个至关重要的问题，但是我们还没有充分地讨论过它。是否应该允许存在轻微暴力罪行的个人拥有和携带枪支？在手下的警员已经对来自一个存在已知暴力行为人士的家庭的多个911报警电话做出回应的情况下，警察局长是否有权拒绝他要求隐瞒相关信息并颁发持枪许可的请求？所有证据充分证明，我们的社会已经犯了一个错误：我们对合法持枪的界限设置得太高，而错误地让位于另一端的暴力人士非常容易地非法获得枪支。

例如，一项研究发现，虽然在芝加哥（Chicago）的绝大多数杀人犯拥有长期的被捕记录，但是他们大部分没有被定为重罪，这意味着他们可能通过布雷迪背景调查（Brady background check）的审核。最近的一项研究发现，在最后一次被捕前，60%因为枪支犯罪而被关押在州立监狱的犯人都可能通过全国即时犯罪背景调查（National Instant Criminal Background Check System，NICS）的审核。这两项调查里的大部分人是刑事司法系统里面的老面孔。我们知道的是，虽然存在一些极端暴力分子，但大部分枪杀事件是那些中度（暴力）风险的人干的，特别是当我们把枪支事故、自杀和杀人事件合并在一起的时候。就算只考虑枪械杀人，即便是目前标准最为严格的审查（全国即时犯罪背景调查）似乎都筛查不出大部分的后续行凶者。

我们用已故的斯蒂芬·杰伊·古尔德（Stephen Jay Gould）

的一段话来结束本章：

在我们对一个复杂（但绝非无序）的世界施以影响的手段之中，分类——或是根据感知到的相似性对项目进行分类——必须被列为所有的手段之中最普遍、最常见的一种。而且，没有哪种分类策略要比我们将问题一分为二或两极化倾向的影响更为深远。在我们周围的自然环境里面，确实有些基本属性是互补地、成对地出现的。因此，我们可能认为，两极化不过是对外部世界的细致观察。但是更经常发生的是，两极化导致了错误的甚至危险的过度简单化。人类和信念并不是非善即恶的……即使在明显不适合的情形之下，我们似乎也都被驱使着将世界一分为二。我必须同意几个学派的思想……将两极化思维视为大脑运作的内在机制而不是对外部现实的真实感知。[①]

当然，所有的证据都表明，世界不是两极的而是一个连续体。将我们对枪支政策的讨论归为好人还是坏人或我们还是他们，会让我们忽略现有的证据并妨碍我们就减少枪支暴力、制定相关政策而展开的辩论。本章认为，在枪支领域的两极化思维是一种真正危险的过度简单化思维，会让我们更难缓解与枪支有关的问题。

---

① Gould, 1997, pp. 55－56.

参考文献

Arntz, A., & ten Haaf, J. (2012). Social cognition in borderline personality disorder: Evidence for dichotomous thinking but no evidence for less complex attributions. *Behaviour Research and Therapy, 50*(11), 707–718.

Betz, M. E., Barber, C., & Miller, M. (2011). Suicidal behavior and firearm access: Results from the second injury control and risk survey. *Suicide and Life-Threatening Behavior, 41*(4), 384–391.

Bostwick, J. M., & Pankratz, V. S. (2000). Affective disorders and suicide risk: A reexamination. *American Journal of Psychiatry, 157*(12), 1925–1932.

Byrne, S. M., Allen, K. L., Dove, E. R., Watt, F. J., & Nathan, P. R. (2008). The reliability and validity of the dichotomous thinking in eating disorders scale. *Eating Behaviors, 9*(2), 154–162.

Cook, P. J., & Leitzel, J. A. (1996). Letter to the editor. *Society, 33*(6), 6–7.

Cook, P. J., Ludwig, J., & Braga, A. A. (2005). Criminal records of homicide offenders. *Journal of the American Medical Association, 294*(5), 598–601.

Correa, H. (2001). An analytic approach to the study of gun control policies. *Socio-Economic Planning Sciences, 35*(4), 253–262.

Egan, S. J., Piek, J. P., Dyck, M. J., & Rees, C. S. (2007). The role of dichotomous thinking and rigidity in perfectionism. *Behaviour Research and Therapy, 45*(8), 1813–1822.

Ellis, T. E., & Rutherford, B. (2008). Cognition and suicide: Two decades of progress. *International Journal of Cognitive Therapy, 1*(1), 47–68.

Gould, S. J. (1997). *Questioning the millennium: A rationalist's guide to a precisely arbitrary countdown.* New York: Crown Books.

Hemenway, D., Barber, C., & Miller, M. (2010). Unintentional firearm deaths: A comparison of other-inflicted and self-inflicted shootings. *Accident Analysis and Prevention, 42*(4), 1184–1188.

Hemenway, D., & Hicks, J. G. (2015). May issue gun carrying laws and police discretion: Some evidence from Massachusetts. *Journal of Public Health Policy, 36*(3), 324–334.

Hirschi, T., and Gottfredson, M. (1983). Age and the explanation of crime. *American Journal of Sociology, 89*(3), 552–584.

Lethbridge, J., Watson, H. J., Egan, S. J., Street, H., & Nathan, P. R. (2001). The role of perfectionism, dichotomous thinking, shape and weight overvalu-

117

ation, and conditional goal setting in eating disorders. *Eating Behaviors, 12*(3): 200–206.

Lott, J. (2013). Children and guns: The fear and the reality. *National Review Online*, May 13.

Mak, A. D. P., & Lam, L. C. W. (2013). Neurocognitive profiles of people with borderline personality disorder. *Current Opinion in Psychiatry, 26*(1), 90–96.

Massie, Thomas. (2014). Congressman Massie introduces amendment to restore the right to bear arms in the District of Columbia. Press release, July 16.

Mialon, H. M., & Wiseman, T. (2005). The impact of gun laws: A model of crime and self-defense. *Economic Letters, 88*(2), 170–175.

Miller, M., Azrael, D., & Hemenway, D. (2004). The epidemiology of case fatality rates for suicide in the Northeast. *Annals of Emergency Medicine, 43*(6), 723–730.

Miller, M., Barber, C., Azrael, D., Hemenway, D., & Molnar, B. E. (2009). Recent psychopathology, suicidal thoughts and suicide attempts in households with and without firearms: Findings from the National Comorbidity Study Replication. *Injury Prevention, 15*(3), 183–187.

Napolitano, L. A., & McKay, D. (2007). Dichotomous thinking in borderline personality disorder. *Cognitive Therapy and Research, 31*(6): 717–26.

Pew Research Center. (2014). *Growing public support for gun rights*, December 14.

Shafran, R., Cooper, Z., & Fairburn, C. G. (2002). Clinical perfectionism: A cognitive-behavioural analysis. *Behaviour Research and Therapy, 40*(7), 773–791.

Simon, T. R., Swann, A. C., Powell, K. E., Potter, L. B., Kresnow, M., & O'Carroll, P. W. (2001). Characteristics of impulsive suicide attempts and attempters. *Suicide and Life-Threatening Behavior, 32*(1), 49–59.

Sloan, J. H., Rivara, F. P., Reay, D. T., Ferris, J. J. A., & Kellermann, A. L. (1990). Firearm regulations and rates of suicide: A comparison of two metropolitan areas. *New England Journal of Medicine, 322*(6), 369–373.

Sorenson, S. B., & Vittes, K. A. (2008). Mental health and firearms in community-based surveys: Implications for suicide prevention. *Evaluation Review, 32*(4), 239–256.

Thornberry, T. P., & Krohn, M. D. (2000). The self-report method for measuring delinquency and crime. *Criminal Justice, 4*, 33–84.

Veen, G., & Arntz, A. (2000). Multidimensional dichotomous thinking char-

118

acterizes borderline personality disorder. *Cognitive Therapy and Research,* 24(1), 23–45.

Vittes, K. A., Vernick, J. S., & Webster, D. W. (2013). Legal status and source of offenders' firearms in states with the least stringent criteria for gun ownership. *Injury Prevention, 19*(1), 26–31.

Wintemute, G. J., Parham, C. A., Beaumont, J. J., Wright, M., & Drake, C. (1999). Mortality among recent purchasers of handguns. *New England Journal of Medicine, 341*(21), 1583–1589.

Wintemute, G. J., Wright, M. A., Drake, C. M., & Beaumont, J. J. (2001). Subsequent criminal activity among violent misdemeanants who seek to purchase handguns: Risk factors and effectiveness of denying handgun purchase. *Journal of the American Medical Association, 285*(8), 1019–1026.

Wright, J. D., & Rossi, P. H. (1986). *Armed and considered dangerous: A survey of felons and their firearms.* Hawthorne, NY: de Gruyter.

119

144

第十章
儿童福利和贫困

——美国的悖论

◎卡拉·芬克

◎黛布拉·席林·沃尔夫

◎辛迪·W. 克里斯蒂安

◎辛西娅·A. 康诺利

　　美国未来的成功取决于我们是否可以培养出一代又一代健康、有教养、适应力强、受过良好教育的儿童。越来越多强有力的证据表明，这种未来会受到儿童在童年早期出现并持续到成年期的一些问题的威胁。在当前的美国，儿童是社会中最穷的一个群体，在所有发达国家里面，美国的贫困率居于首位。与之相应的是，每年约70万儿童被儿童福利机构认定为虐待的受害者。这些问题之间高度相关，通过有效方式解决贫困问题能够最有效地减少儿童虐待现象。

虽然联邦政府和州政府每年都要花数十亿美元来处理儿童虐待问题，但是并没有解决最重要的能够预测虐待的因素，那就是贫困。美国处理儿童与家庭健康以及社会福利问题的方式有别于世界上大部分工业化国家。20世纪，一系列政治决策和立法让美国坚定地走上了与大多数工业社会不同的道路，其中之一就是从社会阶层的视角来看待儿童以及他们的需求。政策制定者的假设是，处于中产和上层阶级的孩子的需求将由他们的父母来满足，只有贫困的儿童和家庭才需要政府的干涉来提高他们的健康和幸福，这种方式故意地将政府干预污名化从而抑制了人们对公共福利服务的使用。

在这一章里，我们将回顾贫困和儿童虐待对成人健康和幸福感的影响，探索以往和现在阻碍干预顺利进行的原因，并分析那些失败的和有前景的、旨在解决这些问题的法律及政策干预。

解决贫困问题的美国模式的形成

作为全球最富裕的国家之一，人们对美国应该如何帮助那些处于风险之中的儿童一直存在争议。如果有风险的话，他们和家人应该得到怎样的帮助？这些援助应该由哪方来买单，是政府、私人组织抑或是两者的组合？贫困儿童问题是因为父母不负责任、不守道德，还是来自美国社会、文化、政治和经济背景下的社会体制？在提供援助的时候，应该怎样设置才能在不伤害孩子的情况下避免对父母的失职予以奖励?[1]

人们从美国成立初期就开始尝试着解决这些问题,但在政治上总存在一些争议。对有些人来说,美国意味着个人责任和有限的政府参与;而其他人表示反对,主张建立一个健全的社会安全网。因此,人们并没有在如何最好地为穷人提供服务这一点上达成持久的共识。[2]

因此,以往的改革者都试图绕过上述问题而只关注儿童本身。帮助贫困成人的观念差不多总在区分他们是"不值得"(如未婚母亲)还是"值得"(如寡妇)帮助。然而,大家一致认为儿童是"无辜的",应该为他们提供援助和其他机会让他们可以成为美国的模范劳动者和公民。换句话说,在提到给儿童提供社会安全网的时候,美国人至少在口头上不会像帮助成年人那样出现那么多的争议。

在 19 世纪的大部分时间和 20 世纪早期,如果父母穷得养不起孩子的话,那么这些孩子最终会被送往孤儿院。孤儿院不但被高度污名化,而且对儿童的管理也极度死板甚至严酷,院内儿童的患病率和死亡率都非常高。为了解决这些"需要依赖他人"的儿童的问题,1909 年召开了一次重要的联邦会议,会上得出的结论是——之前的这种做法是错误的。这些改革者决定,这些住在孤儿院里的成千上万的儿童应该和他们健在的父母住在一起,即使他们的父母都很穷。

对此的解决方案是由政府提供"母亲生活津贴",它于 20

---

① Katz, 2013; Davies, 1998.

② Morone, 2004.

世纪一二十年代在一些城市和州里开始实施。这个方案会给贫困的母亲提供津贴，让她们不需要把孩子送到孤儿院。这成为了 1935 年发起的"贫困儿童救济项目"（Aid to Dependent Children，ADC）的原型。但是，它不同于社会保障，社会保障是一项面向全体老年公民的保险计划，而政府会对参与"贫困儿童救济项目"的家庭进行细致的审查来确保这些母亲"值得"帮助。

在大社会反贫困战争的背景之下，20 世纪 60 年代为解决贫困问题带来了一些全新的尝试。在 1964 年的美国，几乎有 1/4 的儿童是贫困儿童，这被认为是世界上最富裕国家的一大丑闻①。虽然像医疗补助制度和食品券（后被称为"补充营养援助计划"）等多种新项目引起了广泛的争议，因为人们担心这会降低成人的工作积极性，但是像先行项目（Project Head Start）这种直接服务于贫困儿童的项目并不存在什么争议，因为它让人们不用担心这样会奖励那些因为做了糟糕的选择而"不值得"获得帮助的成人。这种聚焦儿童的倡议受到了政界的广泛支持②。

20 世纪八九十年代更为保守的政治氛围再次引发了一些辩论，涉及政府是否应该在解决贫困问题上发挥作用，以及将贫困儿童留在家里对他们来说是否是一种最好的方式等问题。例如，20 世纪 90 年代初，美国众议院议长纽特·金里奇（Newt Gingrich）在几个被广泛报道的采访中建议，为了打破

---

① Child Trends，2015.
② U. S. Department of Health and Human Services，2015.

世代贫困的循环，社会应该考虑恢复孤儿院并收纳那些父母被认定为"坏的"和"不负责任的"贫困儿童[1]。

自从比尔·克林顿（Bill Clinton）总统在1996年签署了《个人责任与工作机会协调法》（*Personal Responsibility and Work Opportunity Reconciliation Act*）以后，从20世纪30年代以来保证所有赤贫家庭能够享受一点微薄补助的政府津贴就不复存在了。随着20世纪末和21世纪头几年经济的蓬勃发展，贫困率降低了。但从2008年的经济衰退开始，贫困率不断上升，几乎达到了1964年林顿·约翰逊（Lyndon Johnson）总统宣布向贫困宣战时的水平。

在2008年和2009年的经济衰退中，贫困率开始上升，2014年的贫困率（几乎每四个儿童中就有一个）与宣布向贫困宣战时（50年前）的数值几乎是一样的[2]。而且，对贫困的争论就像过去200多年一样，仍停留在是否值得这个问题上面[3]。

如今，按照年龄划分的话，儿童是美国社会中最为贫穷的群体，最年幼的美国儿童的贫困率处于全国首位。在全体美国儿童里面，约有22%生活在贫困之中，另有22%生活在低收入家庭[4]。3岁以下的儿童里有1/4是穷人，生活在收入在联邦贫困线（一个拥有两个孩子的四口之家的收入为23624美元）以下的家庭之中。据估计，贫困率从1959年的27%降到

123

---

[1]　Morganthau et al. , 1994.

[2]　Jing, Ekono, & Skinner, 2015.

[3]　Bouie, 2014.

[4]　Jiang et al. , 2015.

了 2012 年的刚过 22%[1]。相比之下，在过去的半个世纪里面，像社会保障和老年医保制度（Medicare）这样的联邦项目已经成功地将老年公民的贫困率从约 35% 降至不到 10%[2]。另外，贫困率存在种族和族裔之间的不平等现象。例如，超过 1/3 的非裔和拉美裔美国儿童生活在联邦贫困线以下，而且约有 44% 的 5 岁以下的非裔美国儿童生活在贫困之中[3]。少数族裔儿童还更可能面临长期贫困，即持续 5 年以上的贫困[4]。

贫困对儿童的身体、智力和情绪健康具有深远的意义，因为对贫困的定义不仅来自经济水平，还受到了将儿童置于危险之中的环境和社会文化因素的影响。贫困儿童更可能和单亲妈妈生活在一起，而他们的妈妈更可能成为家庭暴力的受害者，有更高的临床抑郁率，并更可能在与自己的物质滥用问题抗争[5]。贫困儿童往往生活在贫穷集中的地区（如大城市）。这些社区往往拥有糟糕的学校、高犯罪率、更难获取的医疗服务，以及更有限的社会支持来协调这些问题。

儿童的教育成果也受到了贫困的影响。平均而言，在幼儿园入园的时候，贫困儿童的学习准备度、阅读和数学水平、完成学业的总概率都要更低；他们的就业率低，而且最终收入也低于那些富裕的同龄人[6]。贫困也和整个童年期的不佳健康状

---

[1] Council of Economic Advisers, 2014.

[2] Wood, 2003.

[3] KIDS COUNT Data Center, 2015.

[4] Magnuson & Votruba-Drzal, 2008.

[5] Wood, 2003.

[6] Duncan & Magnuson, 2011.

况有关。贫困家庭的婴儿死亡率和低出生体重率明显更高，而且还受到贫困社区里面种族和族裔因素的影响[1]。贫困儿童拥有更高的铅中毒率、儿童死亡率和住院率，并更可能被诊断出严重的慢性健康问题[2]。所有这些因素都深刻而长久地影响着贫困儿童一生的健康。

124

贫困与虐待儿童之间的联系

虐待儿童是一个公共健康问题，它会对遭受过虐待和忽视的受害者造成持续终生的健康影响[3]。受到虐待的儿童的健康状况不佳，这不仅源于贫困带来的风险（如父母的物质滥用、精神疾病和家庭暴力问题等），还源于虐待或忽视导致的直接后果。和同龄人相比，受到虐待的儿童接受的常规医疗服务更少；也更可能出现生长发育异常、未治疗的视力和牙齿问题、哮喘、发育迟缓以及过早的性行为；更高的性病和早孕比例；更高的精神疾病发病率；以及更高的各种慢性疾病发病率[4]。

受过虐待的儿童在成人之后的健康状况非常糟糕，有证据表明，童年早期的不良经历（如受到虐待）是许多成人慢性

---

[1]　Sims, Sims, & Bruce, 2007.

[2]　Bauman, Silver, & Stein, 2006.

[3]　Middlebrooks & Audage, 2008.

[4]　Leslie et al., 2005；Simms, Dubowitz, & Szilagyi, 2000；Black et al., 2009；Carpenter et al., 2001；Boyer & Fine, 1992；Ahrens et al., 2010；McMillen et al., 2005.

疾病的根源所在①。换句话说，在累积的创伤性童年事件（如虐待、家庭功能失调和其他社会问题）和成年期的疾病之间存在强相关②。例如，童年经历过逆境（包括虐待）的个体在成年后更可能罹患心脏病、肝病、慢性阻塞性肺病、自身免疫性疾病和性病③。而且，在童年时遭受过虐待的成人里面，患有精神疾病和服用精神类药物的比例也更高④。

有关儿童时期的逆境如何通过生物学通路影响成年后的健康这个问题的科学调查数不胜数⑤。迄今为止的证据表明，幼年时受到的创伤（包括虐待和忽视）可能会严重影响个体的神经、激素和免疫系统从而影响到他们一生的健康。这些数据凸显了预防虐待幼儿的必要性，而最好的解决方式就是找到造成虐待的根本原因，例如贫困。

贫困是虐待儿童行为的最有力、最稳定的预测因素之一，一项研究检验了 7 个不同变量对不同类型虐待儿童行为的影响，只有贫困和母亲的年龄可以预测所有的虐待儿童和忽视儿童的行为⑥。许多研究发现，在低社会经济地位（Socio-economic status，SES）的家庭里，发生虐待儿童和忽视儿童现象

125

---

① Shonkoff, Boyce, & McEwen, 2009, Felitti et al., 1998.

② Hillis et al., 2004；Edwards et al., 2003；Caspi et al., 2006；Schilling, Aseltine, & Gore, 2007；Gilbert et al., 2009.

③ Dong et al., 2004；Dube et al., 2009；Dong et al., 2003；Anda et al., 2008；Hillis et al., 2000.

④ Horwitz et al., 2001；Anda et al., 2007.

⑤ Hillis et al., 2004.

⑥ Lee & George, 1999.

的比例最高①。虽然在所有收入水平的家庭里面都存在虐待儿童的现象，但在被归为低社会经济地位家庭里面，儿童受到虐待和忽视的程度要严重得多。美国卫生和人类服务部在《第四次全国虐待儿童和忽视儿童问题发生率调查》（Fourth National Incidence Study of Child Abuse and Neglect）中发现，与家庭年收入不低于 3 万美元的儿童相比，家庭年收入不超过 1.5 万美元的儿童遭受虐待的风险要高出 5 倍。如果对虐待类型进行细分的话，他们受到身体虐待的风险要高 3 倍，而被忽视的风险高了 7 倍②。

大量研究分别在州、县和社区层面考察了收入和虐待率之间的关系。在拥有更高比例的赤贫儿童、失业率和在工作的单身母亲的州里，儿童受到虐待的发生率更高③。县级的研究表明，更严重的收入不平等基本等于更高的虐待儿童行为的发生率④。一项综述对 25 个不同的研究进行了总结，这些研究都探索了按地理划分的社区的影响力，发现社区的结构因素特别是经济因素始终与虐待儿童行为之间存在关联⑤。

这些数据都支持了我们目前的观点，即贫困家庭中的儿童被虐待的比例更高⑥。尽管最近的研究发现，报告偏差会导致与中产阶级的同龄人相比，来自低社会经济地位家庭的儿童更经

---

① Brown et al. , 1998；Lauderdale, Valiunas, & Anderson, 1980；Gelles, 1989；Whipple & Webster-Stratton, 1991；Zuravin & Greif, 1989.

② Sedlak et al. , 2010.

③ Paxson & Waldfogel, 1999, 2002, 2003.

④ Eckenrode et al. , 2014.

⑤ Coulton et al. , 2007.

⑥ Straus & Gelles, 1986；Pelton, 1978；Drake & Jonson-Reid, 2014.

常被报告说有被虐待的嫌疑，但这很可能是因为较低社会经济地位的家庭中确实存在更频繁的虐待行为。然而，目前我们尚不清楚这种关系是因果关系还是相关关系。多种因素都可能导致贫困与虐待儿童、忽视儿童之间的联系[1]。例如，沃德佛格（Waldfogel）提出了四种关于虐待儿童和贫困之间关联的理论：

> 与低收入状况有关的压力会导致虐待；
>
> 贫困家庭并不是更可能伤害他们的孩子，而是更可能被报告为虐童；
>
> 贫困家庭被报告为忽视儿童，是因为他们无法为自己的孩子提供更多的照料；
>
> 一个潜在因素影响了贫困和忽视儿童之间的相关关系。[2]

贫困和虐待儿童之间的相关关系可能来自很多因素。例如，与高社会经济地位的家庭相比，有授权的报告者（如社工）会更常拜访那些寻求过公共服务的家庭，会更严密地审查他们，对出现问题的假设也会更多。儿童往往被称为贫困造成的被忽视的受害者。财力微薄的家庭可以获取的服务以及服务的质量也会让儿童面临更大的风险。这个问题非常复杂，因此那些可能导致贫穷和虐待儿童之间相关的因素也数量庞大且错综复杂。

127

---

① Berger, 2004.
② Waldfogel, 2001.

法律对于虐待儿童和贫困的回应

鉴于虐待儿童与贫困之间的明显关联，您可能会猜测，法律在回应虐待儿童和忽视儿童问题的时候会评估贫困对家庭安全的影响，而且立法改革会关注反贫困项目在降低虐待儿童和忽视儿童行为发生率方面的效果。然而，儿童福利法历来对虐待儿童与贫困之间的关联不置一词。此外，立法改革和资助的重点都是儿童进入看护所的时间线和长期性，而不是为贫困家庭提供切实的支持来预防儿童受虐。

关于虐待儿童和忽视儿童的法律影响深远，而且不同的州在对虐待和忽视儿童的定义、将儿童安置到寄养机构的前提条件，以及儿童可以处于本州监护之下的时长方面的规定都存在差异。这意味着有史以来，法律为解决虐待儿童问题，以及改善儿童福利体系里面儿童的生活而做出了各式各样的回应。例如，住在宾夕法尼亚州和加利福尼亚州的青少年在 21 岁之前都可以待在寄养机构里面，但是每个辖区对是否有权继续接受照料的要求都各不相同①。更有甚者，某些州不允许青少年在 18 岁或 19 岁之后继续接受照料，无论他们那时的经济水平或社会地位是否稳定②。

同样，目前人们还没有达成共识来决定法律是否应该在法庭决定某个儿童是否受到了虐待因而要被送往寄养机构或剥夺

① National Resource Center on Youth Development，2013.
② N. M. Stat § 32A – 1. 8.

他们父母的抚育权的时候，不去特别考虑贫困这个因素。事实上，只有少数法律明确地规定了不将贫困视为虐待儿童的法律依据。纽约对被忽视儿童的定义是父母没有提供食物、衣服、住所或者教育，而这必须根据他们的经济实力或者是否接受了"可以提供这些条件的经济或其他合理手段"进行评估①。哥伦比亚特区（District of Columbia）的法律将它定义为，"这种剥夺不是因为他或她的父母或监护人缺乏财力而造成的"②。康涅狄格州（Connecticut）的定义明确指出，儿童被忽视的前提条件是"因为除了贫困之外的其他原因"③。此外，法院早就注意到，贫困可能不是证明父母存在虐待或忽视行为的唯一证据④。正如许多人指出的那样，贫穷从来没有被明确地称为导致儿童被虐待的原因，而是在判例法中被定义为忽视，因为父母不能提供充足的食物、住房或医疗保健⑤。正如马丁·古根海姆（Martin Guggenheim）教授指出的，"只要不穷，就永远不会有起诉"⑥。另一些人指出，法院在调查虐待或忽视甚至剥夺父母抚养权的时候使用的因素列表都和父母的贫困状况直接相关，包括长期失业、无家可归或住房紧张，以及长期的食品短缺。

---

① N. Y. Fam. Crt. Act § 1012 ［f］［A］.
② D. C. Code § 16－2301［9］［a］［ii］.
③ Conn. Gen. Stat. § 46b－120.
④ In re D. S. , 88 A. 3d 678 ［D. C. 2014］.
⑤ Duva & Metzger, 2010.
⑥ Duva & Metzger, 2010, p. 63.

我们不能低估将贫困和虐待儿童明确区分开而带来的影响。绝大部分案件引起了儿童福利机构的关注并最终被法院判定为忽视。儿童福利机构（毫无疑问）和法院暗中认可了这两者之间的联系，因此不得不对与贫困有关的因素进行评估，并拓展他们对家庭需求和恰当回应的看法。在某种程度上，法律体系可以始于一个轻微但有力的转变，让家庭参与一些旨在减少贫困的预防性服务，如收入支持和儿童保育补贴。这将是一个戏剧性的转变，有别于以前面向父母和儿童的，侧重育儿技巧、心理咨询和物质滥用治疗的传统服务模式。传统模式的重点是服务的参与度或服从性，它没有关注到和贫困有关的需求，而这些需求可以通过提供有针对性的资源和切实的支持（如营养、家访和早期干预）来得到满足。然而，这种法律上的回应必须是全国性的，这样可以防止改革和政策像现在的儿童福利体系那样出现东拼西凑的现象。

有发展前景的项目和政策

为了了解反贫困计划对虐待儿童的潜在影响，我们必须先把用于虐待儿童的资源数量放在对应的情境里面。除了虐待儿童对健康和幸福感造成的长期影响之外①，与虐待和忽视儿童有关的财务支出也是一笔天文数字。据估计，仅持续一年的得到

---

① Sedlak et al. , 2010.

证实的虐待和忽视儿童案件的终身费用就达到了 1240 亿美元。2010 年，每一起非致命性虐童案的终身费用为 210012 美元，其中包括儿童时期 32648 美元的医疗保健支出、成年后 10530 美元的医疗支出、7728 美元的儿童福利支出、6747 美元的刑事司法支出、7999 美元的特殊教育支出，以及 144360 美元的生产力损失。在虐待儿童造成儿童死亡的案件中，据估计，死亡一名儿童的终身费用平均为 1272900 美元，其中 14100 美元是医疗费用，1258800 美元是生产力损失①。

当然，这些支出并不是相互独立的。学者指出，特别是对随着年龄增长而离开寄养机构又没有被收养或与家人团聚的青少年来说，他们的社会状况、幸福感和经济状况都非常糟糕。某些州里的青少年在满 18 岁之后就要离开收容机构，他们更可能无家可归、没有接受过大学教育或没有稳定的工作。然而，最近的立法试图让州政府允许将青少年离开收容机构的年龄延长到 21 岁，这可能会对他们的生活（如教育成果）带来一定的影响。研究人员指出，"允许青少年在 21 岁之前待在寄养机构里面将显著提高他们的受教育程度，而这反过来又将提高他们的终身收入"②。

在寄养机构里面，年龄较大的青少年涉及的支出包括糟糕的健康状况支出、不稳定的财政状况、无家可归以及本章前面详述的其他支出。然而至关重要的是，这些费用还涉及更广泛

---

① Fang et al. , 2012.

② Dworsky, Courtney, & Pollack, 2009.

的社会和经济支出①。总而言之，他们的短期和长期支出都非常多。我们有理由相信，各个群体齐头并进，共同努力来减少贫困现象可以附带地降低儿童受到虐待以及随后进入寄养体系的比例。

英国曾经成功地将贫困率降低到了以前的一半，这可以作为一个例子来帮助我们通过解决贫困问题来减少儿童受虐。1999年，托尼·布莱尔（Tony Blair）首相承诺消除贫困，政府在10年的时间里成功地将贫困率降低了一半以上。这些改革涵盖的项目有的旨在增加成人就业，有的为家庭提供额外的财政支持，有的增加了对儿童项目的资助。研究人员记录了一些可以用于美国的经验，它们可以减少贫困并附带地降低儿童受虐率②。研究人员已经证实，因为反贫困措施，来自低收入家庭的儿童和青少年的幸福感和健康状况都得到了改善，而且这些家庭对儿童的衣服、玩具和书籍的投入也增加了。这表明，反贫困措施不仅可以影响儿童的贫困率，还会影响儿童受到虐待的比例③。正在进行的研究将有望揭示它对儿童受虐，以及对儿童长期健康和幸福感的影响程度。然而，我们目前都很清楚，这个项目成功地降低了儿童的贫困率，因为它的目标宏大，并通过向儿童提供服务，奖励父母工作并为家庭提供额外经济支持这些形式来提供持续的经济支持。据研究人员估计，2008年在美国开展类似的项目需要投资约1500亿美元，其中 131

① Waldfogel, 2010.

② Waldfogel, 2010.

③ Gregg, Waldfogel, & Washbrook, 2005；NESS Research Team, 2008.

将近一半用于所得税减免、补充营养援助计划、儿童保育以及贫困家庭临时援助计划（Temporary Assistance for Needy Families）[1]。

　　无论民主党还是共和党都支持对儿童提供帮助。没有候选人能在公开反对儿童的情况下当选，而且我们提议从历史中汲取经验和教训。我们建议，与其试图在贫困的成因上寻求共识，不如提出一个市场实用主义框架下的解决办法。与其因为这是政治正确而为贫困儿童提供服务，我们不如吸取脑科学和经济学的最新研究成果，它提出了一种从长远来看较为省钱的解决方案。最后，我们认为，通过任何明显的方式来影响虐待儿童行为的发生都意味着推动政策和立法来降低儿童和成人的贫困率。我们提出这个观点，并在美国一贯以来将某些成人标记为"值得"或"不值得"这一点上保持道德上的中立。相反，我们规定，因为拥有贫穷的父母会让儿童面临更大的风险，所以提供医疗保健、教育支持、儿童保育、营养支持和其他援助将最终让下一代的美国人获益[2]。如果政治意愿真想设置一个雄心勃勃的目标来减少贫困的话，那么就必须确保他们能够提供源源不断的、旨在提高生活水平的财政投资。正如简·沃得佛格（Jane Waldfogel）指出的那样，"如果英国能在 10 年之内将贫困降低一半，那么美国和其他富裕国家也可以做到"[3]。

---

[1]　Smeeding & Waldfogel, 2010.

[2]　Heckman, 2015.

[3]　Waldfogel, 2010.

作者感谢社会工作硕士（MSW）莎拉·瓦施（Sarah Wasch）在作者编写本章时提供的帮助。 132

参考文献

Ahrens, K. R., Richardson, L. P., Courtney, M. E., McCarty, C., Simoni, J., & Katon, W. (2010). Laboratory-diagnosed sexually transmitted infections in former foster youth compared with peers. *Pediatrics, 126*(1), e97–e103.

Anda, R. F., Brown, D. W., Dube, S. R., Bremner, J. D., Felitti, V. J., & Giles, W. H. (2008). Adverse childhood experiences and chronic obstructive pulmonary disease in adults. *American Journal of Preventive Medicine, 34*(5), 396–403.

Anda, R. F., Brown, D. W., Felitti, V. J., Bremner, J. D., Dube, S. R., & Giles, W. H. (2007). Adverse childhood experiences and prescribed psychotropic medications in adults. *American Journal of Preventive Medicine 32*(5), 389–394.

Bauman, L. J., Silver, E. J., & Stein, R. E. (2006). Cumulative social disadvantage and child health. *Pediatrics, 117*(4), 1321–1328.

Berger, L. M. (2004). Income, family structure, and child maltreatment risk. *Children and Youth Services Review, 26*(8), 725–748.

Black, M. M., Oberlander, S. E., Lewis, T., Knight, E. D., Zolotor, A. J., Litrownik, A. J., Thompson, R., Dubowitz, H., & English, D. E. (2009). Sexual intercourse among adolescents maltreated before age 12: A prospective investigation. *Pediatrics, 124*(3), 941–949.

Bouie, J. (2014). What Paul Ryan gets wrong about "inner-city" poverty. *Daily Beast*, March 12.

Boyer, D., & Fine, D. (1992). Sexual abuse as a factor in adolescent pregnancy and child maltreatment. *Family planning perspectives*, 4–19.

Brown, J., Cohen, P., Johnson, J. G., & Salzinger, S. (1998). A longitudinal analysis of risk factors for child maltreatment: Findings of a 17-year prospective study of officially recorded and self-reported child abuse and neglect. *Child Abuse & Neglect, 22*(11), 1065–1078.

Carpenter, S. C., Clyman, R. B., Davidson, A. J., & Steiner, J. F. (2001). The association of foster care or kinship care with adolescent sexual behavior and first pregnancy. *Pediatrics, 108*(3), e46.

Caspi, A., Harrington, H., Moffitt, T. E., Milne, B. J., & Poulton, R. (2006). Socially isolated children 20 years later: Risk of cardiovascular disease. *Archives of Pediatrics & Adolescent Medicine, 160*(8), 805–811.

Child Trends (2015). War on poverty. Retrieved from www.childtrends.org/our-research/poverty/war-on-poverty/.

Conn. Gen. Stat. § 46b-120.

Coulton, C. J., Crampton, D. S., Irwin, M., Spilsbury, J. C., & Korbin, J. E. (2007). How neighborhoods influence child maltreatment: A review of the literature and alternative pathways. *Child abuse & neglect, 31*(11), 1117–1142.

Council of Economic Advisers. (2014). *The war on poverty 50 years later: A Progress report.* Retrieved from https://www.whitehouse.gov/sites/default/files/docs/50th_anniversary_cea_report_-_final_post_embargo.pdf.

Davies, G. (1998). *Linda Gordon, pitied but not entitled: Single mothers and the history of welfare* (New York: Free Press, 1994).

D.C. Code §16-2301 (9)(a)(ii).

Dong, M., Dube, S. R., Felitti, V. J., Giles, W. H., & Anda, R. F. (2003). Adverse childhood experiences and self-reported liver disease: New insights into the causal pathway. *Archives of Internal Medicine, 163*(16), 1949–1956.

Dong, M., Giles, W. H., Felitti, V. J., Dube, S. R., Williams, J. E., Chapman, D. P., & Anda, R. F. (2004). Insights into causal pathways for ischemic heart disease adverse childhood experiences study. *Circulation, 110*(13), 1761–1766.

Drake, B., & Jonson-Reid, M. (2014). Poverty and child maltreatment. In J. E. Korbin & R. D. Krugman (Eds.). *Handbook of Child Maltreatment.* Springer Science + Business Media.

Dube, S. R., Fairweather, D., Pearson, W. S., Felitti, V. J., Anda, R. F., & Croft, J. B. (2009). Cumulative childhood stress and autoimmune diseases in adults. *Psychosomatic Medicine, 71*(2), 243–250.

Duncan, G. J., & Magnuson, K. (2011). The long reach of early childhood poverty. *Pathways* (Winter), 22–27.

Duva, J., & Metzger, S. (2010). Addressing poverty as a major risk factor in child neglect: Promising policy and practice. *Protecting Children 25*(1), 63–74.

Dworsky, A., Courtney, M. E., & Pollack, H. (2009). *Extending foster care to age 21: Weighing the costs to government against the benefits to youth.* Chicago: Chapin Hall at the University of Chicago.

Eckenrode, J., Smith, E. G., McCarthy, M. E., & Dineen, M. (2014). Income inequality and child maltreatment in the United States. *Pediatrics, 133*(3), 454–461.

Edwards, V. J., Holden, G. W., Felitti, V. J., & Anda, R. F. (2003). Relation-

133

ship between multiple forms of childhood maltreatment and adult mental health in community respondents: Results from the adverse childhood experiences study. *American Journal of Psychiatry, 160*(8), 1453-1460.

Fang, X., Brown, D. S., Florence, C. S., & Mercy, J. A. (2012). The economic burden of child maltreatment in the United States and implications for prevention. *Child Abuse & Neglect, 36*(2), 156-165.

Felitti, V. J., Anda, R. F., Nordenberg, D., Williamson, D. F., Spitz, A. M., Edwards, V., Koss, M. P., & Marks, J. S. (1998). Relationship of childhood abuse and household dysfunction to many of the leading causes of death in adults: The Adverse Childhood Experiences (ACE) Study. *American Journal of Preventive medicine, 14*(4), 245-258.

Gelles, R. J. (1989). Child abuse and violence in single-parent families: Parent absence and economic deprivation. *American Journal of Orthopsychiatry, 59*(4), 492.

Gilbert, R., Widom, C. S., Browne, K., Fergusson, D., Webb, E., & Janson, S. (2009). Burden and consequences of child maltreatment in high-income countries. *The Lancet, 373*(9657), 68-81.

Gregg, P., Waldfogel, J., & Washbrook, E. (2005). That's the way the money goes: Expenditure patterns as real incomes rise for the poorest families with children. *A More Equal Society*, 251-276.

Heckman, J. (2015). The Heckman Equation. http://heckmanequation.org/

Hillis, S. D., Anda, R. F., Dube, S. R., Felitti, V. J., Marchbanks, P. A., & Marks, J. S. (2004). The association between adverse childhood experiences and adolescent pregnancy, long-term psychosocial consequences, and fetal death. *Pediatrics, 113*(2), 320-327.

Hillis, S. D., Anda, R. F., Felitti, V. J., Nordenberg, D., & Marchbanks, P. A. (2000). Adverse childhood experiences and sexually transmitted diseases in men and women: A retrospective study. *Pediatrics, 106*(1), e11.

Horwitz, A. V., Widom, C. S., McLaughlin, J., & White, H. R. (2001). The impact of childhood abuse and neglect on adult mental health: A prospective study. *Journal of Health and Social Behavior*, 184-201.

In re D.S., 88 A.3d 678 (D.C. 2014).

Jiang, Y., Ekono, M., & Skinner, C. (2015). *Basic facts about low-income children: Children 6 through 11 years, 2013*. New York: National Center for Children in Poverty, Mailman School of Public Health, Columbia University.

Katz, M. B. (2013). *The undeserving poor: America's enduring confrontation with poverty* (fully updated and revised ed.). New York: Oxford University Press.

KIDS COUNT Data Center. (2015). Children in poverty (100%) by age group

134

and race and ethnicity. Retrieved from http://datacenter.kidscount.org /data/tables/8447-children-in-poverty-100-by-age-group-and-race-and -ethnicity?loc=1&loct=1#detailed/1/any/false/36/2664,2322,3654,2757 ,4087,3307,3301|/17079,17080.

Lauderdale, M., Valiunas, A., & Anderson, R. (1980). Race, ethnicity, and child maltreatment: An empirical analysis. *Child Abuse & Neglect, 4*(3), 163–169.

Lee, B. J., & George, R. M. (1999). Poverty, early childbearing, and child maltreatment: A multinomial analysis, *Children and Youth Services Review, 21*(9–10) (September–October), 755–780.

Leslie, L. K., Gordon, J. N., Meneken, L., Premji, K., Michelmore, K. L., & Ganger, W. (2005). The physical, developmental, and mental health needs of young children in child welfare by initial placement type. *Journal of Developmental and Behavioral Pediatrics, 26*(3), 177–185.

Magnuson K. A., & Votruba-Drzal, E. (2008). *Enduring influences of childhood poverty*. Madison: University of Wisconsin–Madison, Institute for Research on Poverty.

McMillen, J. C., Zima, B. T., Scott, L. D., Auslander, W. F., Munson, M. R., Ollie, M. T., & Spitznagel, E. L. (2005). Prevalence of psychiatric disorders among older youths in the foster care system. *Journal of the American Academy of Child & Adolescent Psychiatry, 44*(1), 88–95.

Middlebrooks, J. S., & Audage, N. C. (2008). *The effects of childhood stress on health across the lifespan*. Project Report. National Center for Injury Prevention and Control of the Centers for Disease Control and Prevention.

Morganthau, T., Springen, K. Smith, V. E., Rosenberg, D., Beals, G., Bogert, C., Gegax, T. T., & Joseph, N. (1994, December 12). The orphanage. *Newsweek*, 28–32.

Morone, J. A. (2004). *Hellfire nation: The politics of sin in American history*. New Haven, CT: Yale University Press.

National Resource Center on Youth Development (2013). State Pages, http:// www.nrcyd.ou.edu/state-pages/state/ca and http://www.nrcyd.ou.edu /state-pages/state?state=pa

NESS Research Team. (2008). *The impact of Sure Start Local Programmes on three year olds and their families*. London: DCSF.

N.M. Stat § 32A-1.8.

N.Y. Fam. Crt. Act § 1012 (f) (A).

Paxson, C., & Waldfogel, J. (1999). Parental resources and child abuse and neglect. *American Economic Review*, 239–244.

135

————. (2002). Work, welfare, and child maltreatment. *Journal of Labor Economics, 20*(3), 435–474.

————. (2003). Welfare reforms, family resources, and child maltreatment. *Journal of Policy Analysis and Management, 22*(1), 85–113.

Pelton, L. H. (1978). Child abuse and neglect: The myth of classlessness. *American Journal of Orthopsychiatry, 48*(4), 608–617.

Schilling, E. A., Aseltine, R. H., & Gore, S. (2007). Adverse childhood experiences and mental health in young adults: A longitudinal survey. *BMC Public Health 7*(1), 30–40.

Sedlak, A. J., Mettenburg, J., Basena, M., Peta, I., McPherson, K., & Greene, A. (2010). *Fourth national incidence study of child abuse and neglect (NIS-4)*. Washington, DC: U.S. Department of Health and Human Services.

Shonkoff, J. P., Boyce, W. T., & McEwen, B. S. (2009). Neuroscience, molecular biology, and the childhood roots of health disparities: Building a new framework for health promotion and disease prevention. *JAMA, 301*(21), 2252–2259.

Simms, M. D., Dubowitz, H., & Szilagyi, M. A. (2000). Health care needs of children in the foster care system. *Pediatrics, 106* (Supplement 3), 909–18.

Sims, M., Sims, T. L., & Bruce, M. A. (2007). Urban poverty and infant mortality rate disparities. *Journal of the National Medical Association, 99*(4), 349–356.

Smeeding, T. M., & Waldfogel, J. (2010). Fighting poverty: Attentive policy can make a huge difference. *Journal of Policy Analysis and Management, 29*(2), 401–407.

Straus, M. A., & Gelles, R. J. (1986). Societal change and change in family violence from 1975 to 1985 as revealed by two national surveys. *Journal of Marriage and the Family*, 465–479.

U.S. Department of Health and Human Services. (2015). Head Start timeline. Administration for Children and Families, Early Childhood Learning and Knowledge Center, http://eclkc.ohs.acf.hhs.gov/hslc/hs/50th-anniversary/head-start-timeline

Waldfogel, J. (2000). What we know and don't know about the state of child protective service system and the links between poverty and child maltreatment. Remarks for Joint Center for Poverty Research Congressional Research Briefing on Child Welfare and Child Protection: Current Research and Policy Implications. Washington, DC, September 14.

————. (2010). *Tackling child poverty & improving child well-being: lessons from Britain*. First Focus.

Whipple, E. E., & Webster-Stratton, C. (1991). The role of parental stress in

136

165

physically abusive families. *Child abuse & neglect, 15*(3), 279–291.

Wood, D. (2003). Effect of child and family poverty on child health in the United States. *Pediatrics, 112* (Supplement 3), 707–11.

Zuravin, S., & Greif, G. L. (1989). Normative and child-maltreating AFDC mothers. *Social Casework: The Journal of Contemporary Social Work, 74,* 76–84.

137

第十一章
教育改革

——更全面地思考教育问题

◎ 以西结·J. 狄克逊－罗曼

◎ 阿马·尼亚美－门萨

> 如果你不想玩橄榄球的话，那我们就没有别的课外活动了，因为这是你在市中心唯一可以做的事情……别人以为我们都想当运动员……但我们还有其他事情可以做吗？
>
> ——纪录片《瑞兹》（Rize）里的德拉贡（Dragon）

这段引文来自 2004 年洛杉矶中南部的一位青少年，说的是学校教育之外的、一直持续的教育机会上的不平等现象。像洛杉矶中南部这种在社会和经济上都被边缘化的社区往往没有校外教育的机会（如优质的幼教中心、丰富的学习内容和辅导项目、有创意的艺术项目、舞蹈课程和职业技术教育等）。德拉贡的引文中未被提及但又同样重要的还有生态环境、精神与公共卫生资源以及社区安全问题，它们也是儿童健康和发展的社会决定因素。这些学校教育之外的因素对人力资源能力的发展和在社会主流体制之中获得成功来说至关重要。

138

德拉贡不仅揭示了在社会现实中缺乏教育机会的现象，还表达了他对很多事物的渴望。他渴望的"好处"是对一种日常经验里面对教育更为宽泛的理解。这种理解认为教育过程要比学校的教育更为宽泛，而这个过程只有住在社会特权地区的人们才能够享有。本章提出的对教育更为宽泛的理解，正是联邦教育政策在努力通过学校改革以实现教育公平的时候忽视的地方。我们在本章中争论的是，因为当前的政策只是狭隘地关注了学校改革，所以国家追求教育平等的目标仍然是有限的。鉴于越来越多的社会学研究开始探索学校教育以外的因素对儿童健康、学习和发展的重要性，我们主张对联邦教育政策进行改革。美国的联邦教育政策需要从社会政策的角度来解决学校教育以外的因素对人力资源能力发展的影响。

美国教育政策历史与学校改革的不足

美国的联邦教育政策历来注重学校改革。尽管我们不能忽视学校教育的重要性，但是学校的改革举措很少涉及发生在校外、学生家庭和社区里的辅助教育、补充教育和全面教育这些重要的过程。另外，这些改革也很少为那些居住在社会和经济被边缘化社区的学生的学业成就提供支持，在这些地方，他们继承了（来自父母的）不平等的状况，不能获得充分和公平的教育机会。

139

除了学校改革的失败，过去50年里发生了几次联邦政策扶持辅助教育和补充教育的事情。例如，"先行项目"和"早午餐费用减免项目"的发展和实施，以及遵照2001年《不让一个孩子掉队法案》（*No Child Left Behind Act*）的内容为表现不佳的学校提供补充教育服务的进一步扩充。近年来，巴拉克·奥巴马政府承认了辅助教育和补充教育的教育意义，通过21世纪社区学习中心倡议（21st Century Community Learning Centers initiative）来开展"承诺社区项目"（Promise Neighborhood program）并扩展了课前和课后的充实活动。虽然联邦政策对全面教育还没有足够的重视，但是最近的教育政策改革都标志着越来越多的人已经意识到教育远远不止发生在校园里的那些方面。

全面地思考教育

对教育进行全面思考意味着既承认学校教育的重要性又承认它的局限性。学校还是人们学习知识的主要教育机构，而全面教育肯定和承认了知识本身、知识的获取方式以及主流体制中的合法知识都具有多样性。但是，这种观念需要我们将教育理解为一种在社会的不同场合和实践中普遍存在的过程，并不仅存在于学校里面。

这样的话，补充教育和全面教育都有哪些形式呢？克雷明[1]和其他人[2]建议补充教育和全面教育可以包括很多其他的场合和实践，如图书馆、博物馆、儿童保健中心、健康教育和诊所；武术、嘻哈文化和课外活动；体育运动；育儿实践工作坊；财务知识项目以及产前服务。通过每种机构、项目和实践才能带来全面的、相互关联的公平教学体验。这些各式各样的全面教育对教育效果和社会效益有着重要的影响。

许多研究证明了课外活动和实践的好处[3]。其中的一些证据表明，这些项目对学生的学业成就[4]、青少年发展和行为[5]有着积极的影响。据另一项研究[6]估计，早期投资这类项目（如高质量的学前教育）会给社会带来每年7%～10%的投资回报。事实上，赫克曼[7]指出，"通过减少对特殊教育和补习的需求，改善健康状况，减少对社会服务的需求，减少刑事司法支出，以及提高家庭的自给自足和生产力而带来的即时和长期的收益，能够完全抵消甚至超过它的短期支出"。这些研究都指出了学校以外的因素对人们平等学习和发展的重要性。因

[1] Cremin, 2007.

[2] Gordon, Bridglall, & Meroe, 2005; Varenne, Gordon, & Lin, 2009.

[3] Durlak, Weissberg, & Pachan 2010; Hirsch, Deutsch, & DuBois, 2011; Hirsch, Hedges, Stawicki, & Mekinda, 2011; Mahoney, Vandell, Simpkins, & Zarrett, 2009.

[4] Durlak, Weissberg, & Pachan, 2010; Mahoney, Vandell, Simpkins, & Zarrett, 2009.

[5] Hirsch, Deutsch, & DuBois, 2011; Hirsch, Hedges, Stawicki, & Mekinda, 2011.

[6] Heckman, 2008.

[7] Heckman, 2012.

此，为了证实和进一步实现教育公平这个全国性目标，我们必须建立一个全面教育的公共政策框架和议程，特别是在社会、种族和经济上被边缘化的社区里面。

因为美国存在很多被边缘化的社区，而且社区之间的资源不平等现象极其严重[①]，很多儿童和青少年成长在被边缘化的社区里面，在那里他们继承了不平等的状况，这让他们不可能接受公平的教育。这些不平等状况包括：他们的成长环境中充满了种族主义和歧视、性别歧视、失业、经济压力、缺少医疗保险，居住在缺乏生活必需设施（如超市）、种族和阶层隔离的社区里面，而在这些社区之中枪支暴力频发、失业率高、学校质量差、住房拥有率低、被监禁率高，而且生态环境中有害物质的含量也高。如果我们不关注和解决这些反复发生的、社区资源和全面教育机会上的不平等问题，那么国家为了教育卓越和教育公平而付出的努力将继续受限，而且美国的儿童将继续落后于世界上其他国家的儿童，这个结果美国承受不起。

两个例子

我们举一些例子来说明如何制定一个全面教育的政策议程，这个议程提供了一系列服务来满足一个社区在社会、经济和教育上的需求。虽然"哈莱姆儿童区"（Harlem Children's

---

[①] Massey & Denton, 1993；Quillian, 2007；Reardon & Bischoff, 2011；Sampson, Sharkey, & Raudenbush, 2008；Sharkey, 2008；Wilson, 1987.

Zone）是全国认可的全面教育模式之一，也是其他一些倡议的设计原型，但是我们想通过强调一些其他的有前景的模式来证明全面教育并不限于某种单一的模式，而是要在开发时根据社区的需求和文化做出相应的修改。第一个例子是位于加利福尼亚州圣地亚哥市的雅各布斯社区创新中心（Jacobs Center for Neighborhood Innovation，JCNI）①，第二个例子是位于新泽西州纽瓦克市（Newark，New Jersey）的学校改革更广、更大胆法（Broader Bolder Approach，BBA）②。这两项举措试图全面地满足人们对社会、经济、健康和教育服务的需求进而达到教育公平。

雅各布斯社区创新中心

位于加利福尼亚州圣地亚哥市东南部的戴蒙德（Diamond）
142 社区拥有超过 8.8 万名居民。戴蒙德社区的居民主要是拉美裔（43%）、非裔美国人（30%）、显著的白人（11%）、亚裔（11%），以及较少的索马里裔、萨摩亚裔、苏丹裔、老挝裔和查莫罗裔。近60%的人口不说英语，超过20%的居民的收入在贫困线以下。该地区近40%的居民年龄在18岁以下，这让青少年成为这个社区的主要目标群体。

在过去的几年里，戴蒙德社区经历了物质、经济和学业上的衰退。为了让戴蒙德社区恢复生机，雅各布斯社区创新中心（当地的非营利基金会）与当地居民建立了合作关系并创建了

---

① Clark & Bryan, 2012.
② Wells & Noguera, 2012.

一个长期的综合性社区发展计划来提高社区的社会福祉。社区发展计划包含两个核心成分：（1）经济投资；（2）支持以社区为主导的社会倡议，其中包括青少年发展、健康和教育项目。

近年来，雅各布斯社区创新中心的主要目标仍然是支持一些以青少年为主体的倡议。雅各布斯社区创新中心在指导社区发展工作时使用了它标志性的倾听策略，而这让社区建设部（Community Building Department）主任罗克·巴罗斯（Roque Barros）这样询问当地居民："我们和青少年的关系应该是怎样的？我们能够支持哪些现有的青少年项目？"根据居民的回答，雅各布斯社区创新中心为一个社区青少年中心和怀特兹·布洛克（Writerz Blok）城市艺术公园提供了支持。它还投入了大量的时间和技术资源来支持现有的两个由社区运作的非营利教育机构的组织发展，一个是基础科学研究所（Elementary Institute of Science），它是一个课外的暑期科学充实项目，另一个是帕扎兹教育提高中心（Pazzaz Educational Enrichment Center），它是一个当地的课外辅导团体。

所有这些和更多的努力都为位于戴蒙德社区中心的一个全面教育体系的发展做出了贡献。如果想进一步了解雅各布斯社区创新中心在戴蒙德社区的改造工作，请参考安德里亚·尤德·克拉克（Andrea Yoder Clark）和特蕾西·布莱恩（Tracey Bryan）在 2012 年出版的《全面思考教育》（*Thinking Comprehensively About Education*）一书中的相关章节。

143

更广、更大胆法

更广、更大胆法是一种旨在通过发展公民能力来对位于新泽西州纽瓦克市的学校进行改革的策略。斯通（Stone）等人[1]和其他一些人[2]将公民能力定义为在学校、企业、大学、医院、地方政府和大量以社区为基础的服务组织之间建立的一系列战略伙伴关系。这种合作伙伴关系旨在提高当地对学校的支持并且增加学生及其家庭的社会资本。公民能力建设的政策倡导者认为，为学校提供大量的外部支持是为学校提供所需资源和支持的最具有成本效益的一种手段。这种理论认为，这种支持将带来更强烈的责任感、运作更为良好的学校以及更优秀的学生成绩。

更广、更大胆法是一个已经启动的、规模宏大的改革项目，它试图通过以学校为基础的一系列干预方案来建立一个全面的学校改革策略，以此解决因为家庭和公立学校所处的不良的社会环境而带来的各种问题和挑战。为了确保学校改革不因为艰苦的环境和在教育实践及干预中缺乏对质量控制的关注而达不到应有的效果，更广、更大胆法的模式包含提供社会服务、发展经济以及公民参与学校改革。更广、更大胆法的核心目标是通过资助高质量的学前教育，延长传统的教学日并提供与21世纪的经济、政治、文化和社会生活息息相关的教育以丰富课程等措施来拓展学生的学习机会。

---

[1] Stone et al. , 2001.

[2] Noguera, 2003；Orr, 2007.

就像在其他很多极度贫困的城区一样，社会、经济和政治问题融合在一起，历来都限制了为改善位于新泽西州纽瓦克市的学校而做出的努力。这些问题也是当前居民面临的许多挑战的根源。更广、更大胆法的战略旨在通过提升学校对学生需求做出回应的能力以及从当地机构获得支持和资源的方式来减轻环境带来的不利影响。

更广、更大胆法战略也试图改变城区公立学校通常为低收入的有色儿童及其家庭提供服务的方式。更广、更大胆法利用数据仔细地监控学生取得的进步和项目的运作方式，以确保它对学生及其家庭的社会和教育需求做出更好的反应。它的目标是：在证据表明项目未被如实执行或未达到设定目标的时候能够及时地做出回应。

如果想获得更多的关于新泽西州纽瓦克市学校改革更广、更大胆法的信息，请阅读劳伦·威尔士（Lauren Wells）和佩德罗·诺格拉（Pedro Noguera）在2012年出版的《全面思考教育》一书中撰写的章节。

结束语：全面的教育政策，全国势在必行

戈登（Gordon）和海内克（Heincke）[1] 在他们令人信服的论文中指出，学校自己能做的有限，学校改革能够达到的目标也有限。他们呼吁，必须推动一个全国性的项目和一个智力

---

[1] Gordon & Heincke, 2012.

发展的联邦办公室，它的重点是让社区和家庭能够从儿童出生到上大学的时间里，为他们的学业及个人发展提供支持。基于全国补充教育和全面教育研究小组（National Study Group on Supplementary/Comprehensive Education）的建议，他们为全面教育提供了一个公共政策议程的框架，而这种全面教育可以在全国范围内实现社会和学业的公平以及卓越发展。他们认为，只靠学校改革并不可能实现这些全国性目标。我们认为，只有全面教育才能实现教育公平的目标和努力。

145 　　本章在全面教育改革的基础上思考了公共政策的意义。为了确认并进一步使整个社会（特别是那些在社会和经济上被边缘化的社区）的全面教育体系和实践成为可能，我们必须拥有一个进行全面教育的公共政策框架和议程。如果美国民主化的目标是解决这种社会和教育不平等现象的不民主的现实，那么这也是势在必行的。如果我们在对美国教育进行改革的时候不去特别关注和解决那些全面教育机会中一直出现的不平等现象，那么国家为教育卓越和公平而做出的尝试将继续受到不良的影响，并且美国儿童将继续落在世界其他国家的后面，而我们的国家承担不起这种后果。

参考文献

Clark, A. Y., & Bryan, T. (2012). San Diego's Diamond Neighborhoods and the Jacobs Center for Neighborhood Innovation. In Ezekiel Dixon-Román & Edmund W. Gordon (Eds.), *Thinking Comprehensively About Education: Spaces of Educative Possibility and Their Implications for Public Policy.*

New York: Routledge.

Cremin, L. (2007). Public education and the education of the public. *Teachers College Record, 109*(7), 1545–58. (Original work published 1975.)

Durlak, J. A., Weissberg, R. P., & Pachan, M. A. (2010). Meta-analysis of after-school programs that seek to promote personal and social skills in children and adolescents. *American Journal of Community Psychology, 46,* 294–309.

Gordon, E. W., Bridglall, B. L., & Meroe, A. S. (2005). *Supplementary education: The hidden curriculum of high academic achievement.* Lanham, MD: Rowman & Littlefield.

Gordon, E. W., & Heincke, P. (2012). School reform: A limited strategy in national education policy. In Ezekiel Dixon-Román & Edmund W. Gordon (Eds.), *Thinking comprehensively about education.* New York: Routledge.

Heckman, J. (2008). Schools, skills, and synapses. *Economic Inquiry, 46*(3), 289–324.

———. (2012). *Invest in early childhood development: Reduce deficits, strengthen the economy.* https://docs.google.com/viewerng/viewer?url=www.heckman equation.org/sites/default/files/F_HeckmanDeficitPieceCUSTOM -Generic_052714.pdf

Hirsch, B. J., Deutsch, N., & DuBois, D. (2011). *After-school centers and youth development: Case studies of success and failure.* New York: Cambridge University Press.

Hirsch, B. J., Hedges, L. V., Stawicki, J., & Mekinda, M. (2011). *After-school programs for high school students: An evaluation of after school matters.* Technical Report.

Mahoney, J. L., Vandell, D. L., Simpkins, S. D., & Zarrett, N. R. (2009). Adolescent out-of-school activities. In Richard M. Lerner & Lauren Steinberg (Eds.), *Handbook of adolescent psychology*, Vol. 2: *Contextual influences on adolescent development* (3rd ed.), pp. 228–67. Hoboken, NJ: Wiley.

Massey, D. S., & Denton, N. A. (1993). *American apartheid: Segregation and the making of the underclass.* Cambridge, MA: Harvard University Press.

Noguera, P. (2003). *City schools and the American dream: Reclaiming the promise of public education.* New York: Teachers College Press.

Orr, M. (2007). *Transforming the city: Community organizing the challenge of political change.* Lawrence: University of Kansas Press.

Quillian, L. (2007). Does segregation create winners and losers? Education and spatial segregation on the basis of income and race. Paper presented

146

at the Annual Meeting of the Population Association of America.

Reardon, S., & Bischoff, K. (2011). Income inequality and income segregation. *American Journal of Sociology, 116*(4) (January), 1092–1053.

Sampson, R. J., Sharkey, P., & Raudenbush, S. W. (2008). Durable effects of concentrated disadvantage on verbal ability among African-American children. *Proceedings of the National Academy of Sciences, 105*(3), 845–52.

Sharkey, Patrick. (2008). The intergenerational transmission of context. *American Journal of Sociology, 113*, 931–969.

Stone, C., Henig, J., Jones, B., & Pierannunzi, C. (2001). Building civic capacity: The politics of reforming urban schools. Lawrence: University of Kansas Press.

Varenne, H., Gordon, E. W., & Lin, L. (2009). *Theoretical perspectives on comprehensive education: The way forward.* Perspectives on Comprehensive Education Series 2. Lewiston, NY: Edwin Mellen.

Wells, L., & Noguera, P. (2012). A broader and bolder approach for Newark. In Ezekiel Dixon-Román & Edmund W. Gordon (Eds.), *Thinking comprehensively about education.* New York: Routledge.

Wilson, W. J. (1987). *The truly disadvantaged: The inner city, the underclass, and public policy.* Chicago: University of Chicago Press.

147

第十二章
从贫困到幸福

——应对劣势积累的全新工具

◎马克·J. 斯特恩

在一个致力于追求成功和富饶的国家里，贫困这个话题在美国受到冷落并不令人感到奇怪。这种冷落也影响了人们对贫困的衡量。半个世纪前设定的官方贫困线存在很多缺陷。但是，即使与贫困有关的统计数据和贫穷的美国人这一现实之间的差距越来越大，贫困线的数值仍未发生什么变化。因为衡量贫困的标准是美国人的消费能力，所以最新的衡量贫困的方法仍将继续无视和个人幸福有关的其他方面，并在过程之中忽视可以通过调动贫困社区的非金融资产来提高其生活质量这种方式。

为什么我们需要一种全新的衡量
贫困的方法？

官方贫困线会对穷人产生实际的影响。很多如社区发展分类补贴（Community Development Block Grants）这样的联邦拨款，以及对个人和家庭的援助（包括现在被称为"补充营养援助计划"的食品券和住房补贴）都跟它挂钩。但从它问世的半个世纪以来，官方贫困线这个指标越来越不能准确地衡量人们的经济需求。

贫困线的出现是偶然的。它的发明者莫利·奥珊斯基（Mollie Orshansky）当时在社会保障管理局（Social Security Administration）工作并试图对儿童贫穷问题进行更好的处理。与此同时，林顿·约翰逊总统正在动员全体国民参与反贫困斗争。约翰逊的助手们意识到，如果打算向贫困宣战的话，他们就需要一种方式来知道何时取得了胜利。奥珊斯基的工作是根据家庭规模、儿童人数以及其他几个因素来调整对贫困的测量，为统计需求的普及率提供了一个良好的出发点。然而，它的缺点在几年后变得更加明显。事实上到 1968 年，联邦政府已经准备放弃奥珊斯基设定的贫困线，但是官僚体制的惰性拯救了它。

官方贫困的衡量标准存在什么问题？它的核心在于将福利等同于消费能力。换句话说，它是由一个家庭是否拥有足够的收入来支付符合市场标准的一篮子商品决定的。这个衡量标准将一个收入是否充足的标准（贫困线）与个人和家庭收入的估计值进行比较。它对两者的估计都存在问题。这个标准源于19世纪的一个观点，即贫困家庭是指那些将收入的1/3以上用来购买食物的家庭。奥珊斯基采纳了这个观点并将它与20世纪50年代中期政府对食物支出的估计整合在一起。

这个贫困的标准在20世纪60年代**第一次**进行计算的时候就已经过时了。住房和医疗支出是如今家庭预算中非常重要的两大组成部分，而20世纪60年代的计算中并没有包括这两项。更准确的标准要包括这两项以及其他的一些费用，而这将提高贫困率。对收入的估计也存在问题，因为它忽略了非现金援助（如老年医保制度、住房补贴和食品券）和税收制度（如所得税减免）的影响。这样，对收入更为准确的衡量很可能降低贫困率。

最晚自20世纪80年代以来，对最佳标准的探索就因为政治原因而停滞不前。罗纳德·里根（Ronald Reagan）政府试图通过提高对收入的估计同时保持贫困标准不变的方式来证明美国不存在贫困现象。后来里根放弃了这种方法，并告诉全国人民，在反贫困的斗争中"贫困赢了"。20世纪90年代，国家科学院就改进衡量贫困的方法一事提交了一份特别的委任报告，但是国会的共和党人拒绝采纳它。

2009年，巴拉克·奥巴马总统任命的第一任人口普查主任丽贝卡·布兰科（Rebecca Blank）避开了党派之争，在维持官方贫困衡量标准的同时让她的下属机构开发了一种补充性的贫困衡量标准（supplemental poverty measure，SPM）。这种

149

补充性贫困衡量标准采纳了自 20 世纪 90 年代以来大部分改进衡量标准的建议并改变了我们对贫困程度和分布的认识。总的来说，补充性贫困衡量标准在 2013 年得到的贫困率要比官方贫困率高出约 1 个百分点。而同样重要的是，它改变了对穷人的认识。根据官方贫困线获得的儿童和老年美国人之间的贫困率存在巨大的差距，但这个差距在补充性贫困衡量标准之下变小了。此外，非裔美国人的贫困率显著降低，而拉美裔的贫困率升高了。另外，补充性贫困衡量标准改变了我们对消费性贫困的整体看法。虽然官方贫困线表明，自 20 世纪 70 年代起，我们在减少贫穷方面几乎没有取得什么进展，而补充性贫困衡量标准考虑了税收制度的变化（特别是所得税减免）和非现金福利的扩大，它的结果表明，自那时起的政府政策能有效地减少贫困。

不只是消费

补充性贫困衡量标准虽然在衡量许多美国人是否有能力达到适度的消费水平方面取得了很大的进步，但是它和官方贫困线一样，都存在一个根本的局限。这两种标准都源于 19 世纪的观点，即衡量人类幸福的核心标准是适度的个人消费水平。这样的标准在一个稀缺是常态的时代之中是很有道理的。但是自 20 世纪中叶以来，我们开始认识到这种单一维度的福利概念忽略了人们在界定"美好生活"时发生的诸多重要的改变。民权运动告诉我们，我们值得为了人的尊严以及不存在社会排斥

150

或因为不一样而被污名化的生活而奋斗。我们从环保运动中了解到，如果我们周围的环境受到了破坏，那么个人的消费也会受到损害。最后，随着托马斯·皮凯蒂（Thomas Piketty）所著的《21世纪资本论》（*Capital in the Twenty-First Century*）的出版，越来越多的人围绕社会和经济不平等问题展开了辩论，这表明贫富差距的急剧扩大就像收入支出一样影响着我们的生活。

这些关于美好生活的新鲜看法正在改变我们对幸福衡量方式的讨论。在不放弃收入以及充足消费重要性的情况下，当前的研究关注了构成人类幸福的方方面面。

这项创新工作差不多可以追溯到哲学家玛莎·努斯鲍姆（Martha Nussbaum）和经济学家阿玛蒂亚·森（Amartya Sen）提出的"能力取向"（capabilities approach）概念。这种取向始于一个简单的问题：维持一个值得人类珍惜的生活需要哪些必要条件？但是，这个问题的答案一点也不简单。当然，没有饥饿和欲望的生活是其中一部分。而且，一个体面的环境、社会关系以及娱乐休闲的机会（不是从懒惰的角度，而是它更古老的含义——用于思考和演讲的时间），这些都只是答案的一部分。最具挑战性的是，这种能力取向既包括公共政策也包括人们私下的生活方式。努斯鲍姆特别关注个人受到的胁迫以及性别歧视和种族主义带给人们的限制。以此类推，社会政策也许可以促进社会融合，但是培养社区里的信任感和归属感最终取决于人们之间非政府参与的互动。

这些想法如何用于当前关于贫困的争论？让我们假设有两个低收入社区，它们的官方贫困率是全国平均值的两倍。但

151 是，其中一个社区通过调动个体和公共资源改善了公共环境（绿化和公共场所都增加了），提高了居民的健康水平（肥胖、高血压和低出生体重现象减少了），并且提高了居民的信任感和归属感；而另一个社区则没有发生这些改变。虽然两个社区仍在与有限的经济资源抗争，但生活在第一个社区的居民更可能过着他们觉得有价值的生活。因此，即使贫困率没有降低，幸福感的提升也能够带来非常大的改变。

将这些哲学观点转化成数据和度量标准这个要求一点也不离谱。欧洲和国际上的组织已经率先开始扩展新的衡量幸福感的方式。一方面，西欧和北欧一些高福利的发达国家已经减少了消费性贫困。另一方面，这些国家展示了社会排斥的过程，即种族差异和地理隔离会加剧就业的不稳定性，2005 年法国住宅区的暴乱已经凸显了这种情况。

最近，很多国际组织为基于多维度模型的社会公正和幸福感研究提供了资助。例如，经济合作与发展组织（Organisation for Economic Cooperation and Development，OECD）按照贫困、劳动力市场的包容性、教育资源的获取和代际公平性这些维度对它的成员国进行了排序。

在为创建衡量幸福感的多维度指标而努力的过程中，最具影响的是法国政府的《经济效益和社会进步衡量委任报告》（Commission on the Measurement of Economic Performance and Social Progress），它是由约瑟夫·斯蒂格利茨（Joseph Stiglitz）、阿玛蒂亚·森和让·保罗·菲图西（Jean-Paul Fitoussi）于 2009 年共同撰写的。这份报告列出了衡量幸福感的八个维度，并对每个维度包含的社会状况提供了详细的建议（见表1）。除了评估一个群体在每个维度上的平均状况，这份报告还强调在衡量幸福感时要留意跨越多个维度的不平等现象。也就是建议我们考虑集中的优势和弱势，即同一个群体在几个维度上都得分很低或很高的情况。

152

表1　社会福祉的衡量维度

1. 物质生活标准（收入、消费和财富）
2. 健康
3. 教育
4. 个人活动（包括工作）
5. 政治话语权与管理
6. 社会联系和人际关系
7. 环境（现状和未来状况）
8. 不安全感，不仅指经济方面的，还包括身体方面的

资料来源：Stiglitz, Sen, & Fitoussi（2009）。

这些超越贫困的、国际方面的努力既有很多积极的方面，也存在一个共同的缺点。几乎所有的研究关注的都是通过各个维度的得分来对国家进行排序。因此，它们的注意力几乎只集中在劳动力市场和公共政策这两个因素上，没怎么关注两者以外令我们"值得珍惜"的生活中的其他要素，这和它们的理论渊源形成了鲜明的对比。此外，只关注国家层面的数据让我们很难发现那些总是存在劣势或优势的具体人群和地区。

基于社区的社会福祉衡量

我的研究团队由宾夕法尼亚大学的艺术社会影响力项目、再投资基金会（Reinvestment Fund）和一个社区发展金融机构组成，我们将能力取向的观点和社会福祉的实证研究相结合，为费城创建了一个基于社区的社会福祉衡量标准。通过这样的做法，我们对国际上的框架进行了扩展，使之包含了公共、公民和个人因素对幸福感的贡献。因为大量的数据都和集中劣势有关，所以我们同时确定了两种地区：一种是在很多方面都表现不佳的市内的某些区域，另一种是面临许多挑战但又有潜在的优势资源的地区。最后，基于社区的衡量标准让我们可以确立一些对全国和地方来说都适用的、可能减轻贫困和社会排斥的策略。

我们的研究团队在开展这个项目的时候面临着很多经验方面的挑战。首先，必须对斯蒂格利茨、森和菲图西①列出的一系列维度进行调整使其适合社区层面的测量。我们发现，收入、劳动力参与度和教育程度之间密切相关，因此将它们视为独立的维度毫无意义。以此类推，社会联系和健康不能作为单一的维度出现，要将它们细分为两三个不同的组成部分。

我们面临的另一挑战是寻找数据。最后，只有三个维度的

①　Stiglitz, Sen, & Fitoussi, 2009.

数据主要来自全国的政府数据——经济福利、住房负担，以及经济和种族的多样性。我们大部分的数据来自非营利组织和地方政府，从城市机构关于儿童虐待和儿童忽视的已确认案例报告到关于土地利用和红外辐射的卫星图像。

我们在最终的分析之中确定了关于幸福感的 13 个维度（见表 2）。经济福利最接近传统的贫困标准，它仍然还是这个指数的一个重要组成部分并且和几个维度有关，这些维度包括学校效能、社会压力（如高水平的青少年生育率、凶杀致死案件、儿童虐待和儿童忽视案件）以及安全（如犯罪率、邻里纠纷的举报）。

表 2　幸福感的衡量维度和包含变量　　155

维度	小分类	描述
经济福利		生活的物质标准：收入、受教育程度、劳动力参与度
经济与种族的多样化		收入的不平等、家庭收入的多样性、种族多样性（非最大族群成员所占百分比）
学校效能		当前学校的水平得分、辍学率、上私立学校的比例
住房压力		过度拥挤、住房经济压力、到工作地点的距离
社会关系	机构性的	非营利组织、地理流动性
社会关系	面对面的联系	信任感、归属感、社区组织参与度
社会关系	文化资产指数	非营利和营利性的文化供给者、驻地艺术家、文化参与者

维度	小分类	描述
安全		高水平的个人和财产犯罪率、人际关系委员会接到的投诉
健康	个人健康	糖尿病、高血压、整体健康状况、肥胖
	保险，医疗获取	低保险率、因费用而延误的护理、急症室的利用情况
	社会压力	高水平的青少年生育率、缺乏产前护理、高凶杀率、对儿童虐待和儿童忽视的举报
环境		公园、树、草坪占地面积，河流（逆流），高温脆弱性
政治话语权		2010 年与 2012 年选民的人口百分比

这个指数的其他部分涉及了幸福感的各个方面，弥补了之前只关注和衡量贫困的不足。面对面的社会联系包括在信任感、归属感和社区组织参与度方面的数据。环境因素包括对绿地面积和夏季高温的测查。我们的住房指数能够发现那些费用负担过重和过度拥挤的社区，这些因素只和贫困或收入的衡量标准存在部分的相关。

一旦获得了基于社区的费城社会福祉指数，我们就可以确定那些在所有标准上都得分高或得分低的城区。因为经济福利与学校效能、社会压力、个人健康和安全这些因素有关，而那些存在集中劣势和集中优势的城区就反映了这些因素。

然而，即便在存在集中劣势的社区里，我们也发现了有优势的维度。例如，位于费城北部的奥贡茨/贝尔菲尔德社区

154

（Ogontz/Belfield）的经济福利水平低，学校效能差而且犯罪率高。然而，我们的估计表明，这个社区的居民拥有高于平均水平的面对面社会联系，这和他们高于平均水平的信任感与社区组织参与度有关。同样，东日耳曼敦（East Germantown）也存在很多劣势，但它在环境设施上存在优势。

在很多种族混杂的社区中，这种劣势和优势的平衡更为明显，这表明既不存在完全的集中劣势，也不存在完全的集中优势。例如，特拉华河（Delaware River）沿岸的里士满（Richmond）面临着无数的挑战，但它的学校效能要高于平均水平。位于森特城（Center City）北部的波普勒/约克敦（Poplar/Yorktowne）在许多因素上的得分都很低，但它在机构联系和文化资产方面的得分都很高。

利用幸福感来推动社区改革

自 20 世纪 60 年代以来，国家和地方的领导人资助了一系列的旨在减少贫困和改善城市社区生活质量的策略。然而，目前用来确定哪些是干预社区的工具很难根据一个社区的特质来相应地调整自己的策略。虽然地方行动可以改善社会状况，但是地方政府很难降低社区居民的官方贫困率。事实上，第二个发现促使纽约市的迈克尔·布隆伯格（Michael Bloomberg）政府制定了自己的贫困标准。很明显，许多城市的反贫困举措——例如，扩大所得税减免的适用群体的比重——并不会影响官方贫困率。比尔·德·布拉西奥（Bill de Blasio）政府进一步拓展了这个战略，将重点转向了这个城市五个行政区的社区不平等现象。

奥巴马政府的"承诺区倡议"（Promise Zone Initiative）虽然急需国会来提供资源，但它通过要求申请人汇报社区资产这种方式来试图引入幸福感的其他方面。事实证明，贝尔蒙特（Belmont）和曼图亚（Mantua）社区的"西费城承诺区"（West Philadelphia Promise Zone）在我们的机构性社会联系（如非营利组织的集中程度）、政治话语权（如选民参与度）和环境设施（如绿地、公园）这几个维度上的得分都很高，这些都可以成为社区复兴的基础。

在未来的几年里，和横扫全国的运动相比，我们更可能看到地方层面针对劣势的努力。这些地方上的努力可能不会改变官方贫困率，却能增加城市社区的总体社会福利。只有全国劳动力市场的状况（如就业的增长以及失业率的降低）以及政府现金援助的扩张才能改变官方贫困率。相比之下，社会福利指数为一系列地方举措奠定了基础。我们可以找到一些通过现有的社会联系和机构网络来改善学校状况或减少犯罪的方法，这些例子都揭示了地方上的关注如何造福当地。从关注贫穷到关注社会福利，这为我们提供了一个全新的框架来理解社区的资本和负担，并可以利用这些资本来提高全体居民的生活质量并增加他们的机遇。

158

参考文献

Gasper, D. (1997). Sen's capability approach and Nussbaum's capabilities ethic. *Journal of International Development, 9*(2), 281–302.

Nussbaum, M. (2003). Capabilities as fundamental entitlements: Sen and social justice. *Feminist Economics, 9*(2–3), 33–59.

O'Connor, A. (2009). *Poverty knowledge: Social science, social policy, and the poor in twentieth-century U.S. history.* Princeton, NJ: Princeton University Press.

OECD. (2011). *Social justice in the OECD: How do the member states compare?* Gutersloh, Germany: Bertelsmann Stiftung.

Piketty, T. (2014). *Capital in the twenty-first century.* Cambridge, MA: Belknap Press of Harvard University Press.

Sen, A. 1992. *Inequality reexamined.* Cambridge, MA: Harvard University Press.

Short, K. (2014). The supplemental poverty measure: 2013. U.S. Bureau of the Census, Current Population.

Stiglitz, J., Sen, A., & Fitoussi, J. (2009). The measurement of economic performance and social progress revisited. *Reflections and Overview.* Commission on the Measurement of Economic Performance and Social Progress, Paris.

Wimer, C., Fox, L. E., Garfinkel, I., Kaushal, N., & Waldfogel, J. (2013). *Trends in poverty with an anchored supplemental poverty measure.* Institute for Research on Poverty, University of Wisconsin-Madison.

159

撰稿人简介

本杰明·克林格（Benjamin Chrisinger）是斯坦福大学医学院的一名博士后学者。

辛迪·W. 克里斯蒂安（Cindy W. Christian）是儿童虐待和儿童忽视预防项目的安东尼·A. 拉蒂尼（Anthony A. Latini）教席主任，也是宾夕法尼亚大学佩雷尔曼医学院（Perelman School of Medicine）儿科专业的教授和分管录取的副院长。

辛西娅·A. 康诺利（Cynthia A. Connolly）是宾夕法尼亚大学护理学院护理专业的副教授。

丹尼斯·P. 卡尔亨（Dennis P. Culhane）是宾夕法尼亚大学社会政策与实践学院社会政策专业的戴娜和安德鲁·斯通（Dana & Andrew Stone）教席主任。

克里斯蒂娜·德纳尔（Christina Denard）是宾夕法尼亚大学社会政策与实践学院社会福利专业的博士生。

以西结·J. 狄克逊－罗曼（Ezekiel J. Dixon-Román）是宾夕法尼亚大学社会政策与实践学院社会政策专业的副教授。

玛丽塔·恩斯特龙（Malitta Engstrom）是宾夕法尼亚大学社会政策与实践学院社会工作专业的助理教授。

卡拉·芬克（Kara Finck）是宾夕法尼亚大学法学院法律专业的实习副教授以及跨学科儿童倡议诊所（Interdisciplinary Child Advocacy Clinic）的主任。

南希·弗兰克（Nancy Franke）是宾夕法尼亚大学社会政策与实践学院金德来再入计划（Goldring Reentry Initiative）的主任。

安东尼奥·加西亚（Antonio Garcia）是宾夕法尼亚大学社会政策与实践学院社会工作专业的助理教授。

图乔·戈塞（Toorjo Ghose）是宾夕法尼亚大学社会政策与实践学院社会工作专业的副教授。

约翰娜·格里森（Johanna Greeson）是宾夕法尼亚大学社会政策与实践学院社会工作专业的助理教授。

大卫·海明威（David Hemenway）是哈佛大学健康政策专业的教授及哈佛大学伤害控制研究中心（Harvard Injury Control Research Center）的主任。

艾米·希利尔（Amy Hillier）是宾夕法尼亚大学设计学院城市和地区规划专业的副教授，还兼职于宾夕法尼亚大学社会政策与实践学院。

罗伯塔·雷赫纳·艾弗森（Roberta Rehner Iversen）是宾夕法尼亚大学社会政策与实践学院社会工作专业的副教授。

约翰·L. 杰克逊（John L. Jackson, Jr.）是宾夕法尼亚大学社会政策与实践学院院长和理查德·佩里大学（Richard

Perry University）教授。

阿马·尼亚美－门萨（Ama Nyame-Mensah）是宾夕法尼亚大学社会政策与实践学院社会福利专业的博士生。

菲利斯·所罗门（Phyllis Solomon）是宾夕法尼亚大学社会政策与实践学院社会工作专业的教授及科研副院长。

苏珊·B. 索伦森（Susan B. Sorenson）是宾夕法尼亚大学社会政策与实践学院社会政策专业的教授及伊芙琳·雅克布斯·奥特那家庭暴力中心（Evelyn Jacobs Ortner Center on Family Violence）的主任。

马克·J. 斯特恩（Mark J. Stern）是宾夕法尼亚大学社会政策与实践学院社会政策和历史专业的肯尼斯·L. M. 布雷（Kenneth L. M. Pray）教席教授。他还共同指导了文理学院的城市研究项目。

艾莉森·汤普森（Allison Thompson）是宾夕法尼亚大学社会政策与实践学院社会福利专业的博士生。

亚历山德拉·温伯利（Alexandra Wimberly）是宾夕法尼亚大学社会政策与实践学院社会福利专业的博士生。

黛布拉·席林·沃尔夫（Debra Schilling Wolfe）是儿童政策、实践和研究现场中心（Field Center for Children's Policy, Practice & Research）的创始人兼执行主任，这个中心是宾夕法尼亚大学社会政策与实践学院与法学院、佩雷尔曼医学院、护理学校和费城儿童医院的合作项目。

译后记

第一次见到约翰·L. 杰克逊教授是在 2017 年夏天，我所在院系（江西财经大学人文学院社会学系）承办了中国社会学会社会政策研究专业委员会 2017 年学术年会暨第十三届社会政策国际论坛。杰克逊教授时任美国宾夕法尼亚大学社会政策与实践学院的院长（现转到同校的安尼伯格传播学院担任院长一职）。他在参会时赠给我院一本由他主编的新书，也就是这本《美国社会政策和社会公正》。随后，我院的尹忠海院长鼓励我组织翻译出版这本书，并让他的几位学生参与初稿的翻译工作。在联系出版的时候，杰克逊教授积极地帮助我们获取了中译本的版权，并就翻译时遇到的一些问题做出了耐心的解答。

这本书共 12 章，由来自宾夕法尼亚大学（主要是社会政策与实践学院）、斯坦福大学、哈佛大学，以及儿童政策、实践和研究现场中心的专家学者负责撰写。它从社会公正的视角阐述了美国当前面临的主要社会问题以及相应的社会政策，涉及美国社会的各个方面。其中既有无家可归问题，也有大规模监禁、物质使用、儿童福利、枪支政策、食品问题，甚至教育改革问题。从社会工作者和社会工作教育者的视角来看待社会中弱势群体面临的各种问题。例如，第一章里讲到了美国无家可归的现状及历史，有史以来为解决这个问题而出台的各项政策，以及这些政策取得的成效和背后的原因。通过阅读此书，我们可以对美国的社会政策有一个全面而深刻的认识。

作为一名有着发展心理学和公共卫生的教育背景，而现在又在从事社会工作教研的科学工作者，我在翻译本书的过程之中受益匪浅。例如，虽然在美国求学期间一直听到人们讨论奥巴马的医改法案，却直到阅读本书的时候才知道这个法案背后的目的及意义。

2017年夏天，我和系里的一些老师赴省内一个县督导学生的实习工作，其中一个实习点就是当地的儿童福利院。在和福利院院长交流的过程中，我们发现生活在福利院里大部分的儿童存在智力障碍。除此之外，因为从小就生活在福利院里，他们缺乏在外界独立生活的能力。如果这些孩子（没有照料者或没有独立生活的能力）无法在外界生存的话，他们就只能在成年后直接转入养老院。这样，他们在一生中都无法体会很多我们普通人觉得习以为常的幸福。这段经历让我在翻译第五章时产生了极大的共鸣。这一章提到了美国如何让在寄养机构中长大的儿童在成年后通过相互支持来适应外界的生活。我衷心地希望，在不久之后，我国儿童福利院的儿童也能够拥有有力的社会支持系统，帮助他们在社会中幸福快乐地生活成长。

另外，让我颇有感触的是第六章。我之前求学的美国马里兰州巴尔的摩市就存在"食品荒漠"现象，而美国约翰霍普金斯大学公共卫生学院的乔尔·吉特森（Joel Gittleson）教授就曾经对这个问题开展过深入的调研和干预。而随着我国的城市化进程，中国也出现了一些类似但又有所不同的现象。例如，我们在2016年做的一项研究发现，与生活在低城市化水平地区（如农村）的人相比，那些生活在高城市化水平地区（如城市）的人们可以接触到更多的中西餐馆、超市和食杂店。这样，他们的膳食会有更多的选择，饮食也更多样化。这种饮食结构的区别会带来体重和健康方面的差异。

非常感谢有这次机会让我可以了解并翻译这本书。感谢原书的主编约翰·L. 杰克逊教授，他向我们介绍了这本书并积极地推动了中译本的出版。感谢学校、学院和以尹忠海院长为首的各位领导们，他们为本书的推出提供了物质、人力和精神等各个方面的支持。感谢孙筠（引言）、胡思芸（第1~3章）、程琳（第4~6章）、黄志强（第7~9章）和李倩（第10~12章）五位同学，他们对本书进行了前期的翻译。也感谢出版这本书的社会科学文献出版社。

鸣谢江西省一流专业（社会工作专业）、江西省一流学科统计学（社会统计方向）财政专项资金，以及江西省高等学校教学改革研究课题"VR背景下体验式教学在心理学通识课程中的运用"（JXJG-18-4-33）对本书的资助。

最后，引用习近平总书记于2016年在中央全面深化改革领导小组第 23 次会议上的部分讲话内容作为结尾："改革既要往有利于增添发展新动力方向前进,也要往有利于维护社会公平正义方向前进。"这标志着我国的政府和社会都会更加关心弱势群体的福祉,会努力维护社会公正。同时,我们的社会工作者和社会政策者也会为了实现更加公正的社会而不懈努力。

吴 杨

2019 年 2 月 28 日于四川

图书在版编目（CIP）数据

美国社会政策和社会公正／（美）约翰·L.杰克逊
（John L. Jackson, Jr.）主编；吴杨译. -- 北京：社
会科学文献出版社，2019.5
　（亚太经济与社会发展译丛）
　书名原文：Social Policy and Social Justice
　ISBN 978 - 7 - 5201 - 4499 - 5

　Ⅰ.①美…　Ⅱ.①约…②吴…　Ⅲ.①社会政策 - 美
国 - 文集②公正 - 美国 - 文集　Ⅳ.①D771.222 - 53
②D081 - 53

中国版本图书馆 CIP 数据核字（2019）第 047450 号

亚太经济与社会发展译丛
美国社会政策和社会公正

主　　编／〔美〕约翰·L.杰克逊（John L. Jackson, Jr.）
译　　者／吴　杨

出 版 人／谢寿光
责任编辑／冯　蕊

出　　版／社会科学文献出版社·当代世界出版分社（010）59367004
　　　　　　地址：北京市北三环中路甲 29 号院华龙大厦　邮编：100029
　　　　　　网址：www. ssap. com. cn
发　　行／市场营销中心（010）59367081　59367083
印　　装／三河市东方印刷有限公司

规　　格／开　本：880mm × 1230mm　1/32
　　　　　　印　张：6.375　字　数：136 千字
版　　次／2019 年 5 月第 1 版　2019 年 5 月第 1 次印刷
书　　号／ISBN 978 - 7 - 5201 - 4499 - 5
著作权合同
登 记 号／图字 01 - 2019 - 1984 号
定　　价／68.00 元